Discussions musicales avec les enfants

Thomas Tapper

Writat

Cette édition parue en 2024

ISBN : 9789359941158

Publié par
Writat
email : info@writat.com

Contenu

PRÉFACE

Un livre de ce genre, même s'il s'adresse aux enfants, doit nécessairement leur parvenir par l'intermédiaire d'une personne plus âgée. Le but est de suggérer quelques-uns des nombreux aspects que la musique peut avoir, même dans l'esprit d'un enfant. Si ces chapitres, ou tout ce qu'ils suggèrent logiquement, sont réellement utilisés comme base de simples entretiens avec des enfants, la musique peut devenir pour eux plus qu'un exercice et une étude. Ils doivent le connaître comme un art plein de beauté et de dignité ; plein de pensées pures et plein de joie. La musique présentant ces caractéristiques est la véritable musique du cœur. À moins que la musique ne procure un véritable plaisir aux jeunes, on peut douter qu'elle soit judicieusement étudiée.

Notre incapacité à présenter la musique aux jeunes d'une manière qui les intéresse et les intéresse n'est pas tant due au fait que la musique est trop difficile pour les enfants, mais parce que les enfants eux-mêmes sont trop difficiles pour nous. Dans notre ignorance, nous refusons souvent l'héritage légitime. Nous ne devons pas oublier que l'esprit adulte lent se heurte souvent à toute une série de difficultés qui ne sont pas reconnues par l'enfant sans préjugés. Il n'est pas rare qu'avec les vieilles peurs en nous, nous persistions à recréer des difficultés.

L'enseignant devrait toujours avoir l'idée que la musique doit être conduite hors de l'individualité et non conduite vers elle.

Le savoir de l'enseignant n'est pas un marteau, c'est une lumière.

Bien qu'il soit suggéré d'utiliser ces chapitres comme sujet de discussion avec les enfants, ils peuvent les lire textuellement s'ils le souhaitent. Toutes les références et suggestions en notes de bas de page s'adressent à la personne âgée – à la mère ou à l'enseignant. Il y a beaucoup de choses dans la littérature artistique qui intéresseraient les enfants si elles leur étaient présentées de manière discriminante.

THOMAS TAPPER.

BOSTON, 30 octobre 1896

DU MÊME AUTEUR.

Discussions avec des étudiants en musique ; ou parle de musique et de vie musicale.

"Un ouvrage d'une valeur remarquable. Il est composé de discours destinés aux étudiants, calculés pour les faire réfléchir ; de conseils et de suggestions qui seront d'une immense aide à ceux qui essaient sérieusement de devenir compétents en musique." - *Transcription de Boston.*

"Aucun autre livre ne couvre le même vaste domaine que celui-ci, d'une manière aussi agréable et inspirante." - *The Writer (Boston).*

La vie musicale et comment y réussir.

« Ces idées méritent l'attention des étudiants et des travailleurs de toutes les branches de l'art, de la science et de la littérature, qui veulent être sérieux et sérieux. » — *Transcription de Boston.*

« Extrêmement précieux en raison de sa grande impartialité dans son exposé de la vérité, de sa profondeur de compréhension et, par-dessus tout, de son désir sincère, manifeste dans chaque mot, de conduire les étudiants en musique à l'amour de la musique elle-même…. Il regorge de hautes connaissances. pensée et perspicacité artistiques. » – *The Boston Times.*

CHAPITRE I.

CE QUE DIT LE VISAGE.

« Et la lumière *habite* avec lui. » — *Daniel II : 22.*

Un jour, un maître dit à un enfant :

"Si tu étudies diligemment, apprends et fais du bien aux autres, ton visage sera rempli de lumière."

Alors l'enfant étudiait activement, apprenait et cherchait comment elle pouvait faire du bien aux autres. Et de temps en temps, elle courait vers la vitre pour voir si la lumière arrivait. Mais à chaque fois, elle était déçue. Aucune lumière n'était là. Essayez aussi fidèlement qu'elle le ferait et regardez aussi souvent qu'elle le ferait, c'était toujours la même chose.

Je ne sais pas si elle doutait du maître ou non ; mais il est certain qu'elle ne savait qu'en penser. Elle était en deuil et, de jour en jour, sa déception grandissait. Finalement, elle n'en put plus, alors elle alla trouver le maître et lui dit :

"Cher maître, j'ai été si diligent ! J'ai essayé d'apprendre et de faire du bien aux autres. Pourtant, chaque fois que j'ai cherché sur mon visage la lumière *que vous aviez promise* , elle n'a pas été là. Non, pas une seule fois. "

Maintenant le maître écoutait attentivement, et regardant son visage pendant qu'elle parlait, il dit :

"Toi, pauvre petit, en ce moment, pendant que tu me parlais, ton visage a été si rempli de lumière que tu ne voulais pas le croire. Et sais-tu pourquoi ? C'est parce que chaque mot que tu as prononcé en ce moment est venu de ton coeur.

"Tu dois apprendre *dès les premiers jours* cette leçon : quand la pensée et l'action sont dans le cœur, alors la lumière est toujours dans le visage, et elle n'est là à aucun autre moment. Cela ne pourrait pas être. Et ce qu'il y a dans ton cœur quand tu es devant le verre ? À ce moment-là, t'es-tu détourné de la diligence, de l'apprentissage et de l'amour de faire du bien aux autres et dans ton cœur il ne reste que la pauvre curiosité de voir la lumière qui ne pourra jamais brille quand on la cherche. Tu ne peux jamais voir la lumière de ton propre visage. Pour toi, cette lumière est éternellement à l'intérieur, et cela ne fera pas prospérer ton chemin de vouloir la regarder. C'est seulement si tu es fidèle que cela est ajouté. à toi."

Plus triste encore qu'auparavant, le petit enfant dit :

"Maître, je ne comprends pas ce que tu as dit, et pourtant je te crois; mais le désir est encore en moi de voir la lumière de mon visage, ne serait-ce que pour une fois. Toi qui es sage, dis-moi pourquoi cela m'est refusé. "

Et le maître répondit :

"Cela nous est refusé à tous. Personne ne peut voir la lumière de son propre visage. C'est pourquoi tu travailleras quotidiennement avec diligence pour que ta lumière brille devant les autres. Et si tu veux voir la lumière, tu la feras briller *chez un autre*. C'est le plus grand de tous : faire jaillir la lumière. Et pour ce faire, tu devras être fidèle en toutes choses. Par ce que tu es, tu dois faire preuve de diligence, d'amour pour apprendre et de désir de faire du bien aux autres. , comme ces choses t'ont été enseignées.

CHAPITRE II.

POURQUOI NOUS DEVONS ÉTUDIER LA MUSIQUE.

"La musique rend les gens plus doux et plus humbles , plus modestes et plus compréhensifs." - *Martin Luther.* [1]

C'est ce même mélomane qui a dit un jour : « La musique est le plus beau don de Dieu ». Ces quelques mots devraient suffire à répondre à la question que nous avons posée dans cet exposé, mais un peu plus pourrait la rendre plus claire. Nous voilà réunis pour parler musique. Nous savons que la musique est agréable ; pour beaucoup d'entre nous, c'est même plus qu'un plaisir ; bien sûr, il est difficile d'apprendre correctement les leçons et nous devons lutter et nous efforcer. Souvent, le chemin semble si rude et si pierreux que nous ne pouvons pas avancer. Nous sommes blessés, et des larmes chaudes de découragement nous viennent, et nous nous asseyons déprimés en pensant qu'il valait mieux ne plus jamais essayer. Mais même lorsque les larmes coulent le plus vite, nous ressentons quelque chose en nous qui nous fait écouter. Nous pouvons vraiment entendre nos pensées se battre pour nous dire quelque chose, poussées par le cœur, nous pouvons en être sûrs.

Et qu'est-ce que la musique fait dire à nos pensées ?

"N'ai-je pas été pour vous un plaisir et une consolation ? Ne vous ai-je pas mis à chanter et à danser maintes et maintes fois ? Ne vous ai-je pas laissé chanter votre plus grand bonheur ? Et ne suis-je jamais près de vous, à la maison, dans à l'école, à l'église ? même dans les rues, je ne t'ai jamais abandonné. Toujours, *toujours* , je t'ai fait plaisir. Mais c'était une musique que tu as *entendue* . Maintenant tu as dit que tu voulais me connaître toi-même ; cœur afin que tu puisses m'avoir avec compréhension, et parce que je te demande du travail pour cela, tu es assis ici avec tes larmes chaudes dans les yeux et pas un peu de moi présent dans ton cœur. Écoute, je ne suis pas là ? Maintenant, de plus en plus, et maintenant vas-tu m'abandonner parce que je te fais travailler un peu ?

Eh bien, nous vivons tous cette expérience et nous avons toujours honte de nos découragements ; mais même cela ne nous dit pas pourquoi nous devrions étudier la musique. Certaines personnes l'étudient parce qu'elles sont obligées de le faire ; d'autres parce qu'ils aiment ça. Cela doit sûrement être mieux avec ceux qui choisissent de tout leur cœur d'en apprendre davantage sur les tonalités et les messages qu'elles transmettent.

Avez-vous déjà remarqué à quel point les gens semblent prêts à cesser tout emploi si la musique approche ? Même dans les rues les plus fréquentées d'une ville, l'organiste nous fait écouter ses airs. Malgré la hâte, la foule et le fouillis des bruits, les sons de l'orgue continuent de retentir partout, clairs, pleins, mélodieux, nous invitant à les écouter. Peut-être marquons-nous la musique avec la main, ou marchons différemment, ou commençons-nous à chanter avec. D'une manière ou d'une autre, la musique nous fera faire quelque chose qui montre sa puissance. J'ai vu dans de nombreuses villes européennes un groupe d'enfants autour de l'homme d'orgue[2], dansant ou chantant pendant qu'il jouait et appréciant chaque air au maximum. Cela m'a appris que toute musique a son amoureux, et qu'avec un peu de peine et un peu de patience, l'amour de la musique appartient à tous, et peut s'accroître si d'autres choses ne l'écartent pas.

Or, une des premières choses à dire de la musique, c'est qu'elle fait le bonheur, et ce qui fait le bonheur est bon pour nous, car le bonheur non seulement allège le cœur, mais c'est l'un des meilleurs moyens de faire venir la lumière au cœur. affronter. Dès l'instant où nous étudions la musique, nous apprenons une leçon sévère, la suivante : il ne sert à rien d'essayer d'être musiciens si nous ne sommes pas disposés à apprendre un ordre parfait dans toutes les tâches musicales que nous accomplissons.

En cela, la musique est une maîtresse particulièrement sévère. Rien de négligé, de désordonné ou de désordonné ne fera l'affaire. Le décompte doit être absolument exact, ni rapide ni lent comme nous le dicte notre fantaisie, mais égal et régulier. Les mains doivent accomplir leur tâche ensemble et de manière amicale ; l'un ne pressant jamais ni ne pressant l'autre, chacun étant prêt à céder à l'autre lorsque le bon moment arrive.[3] Les pieds ne doivent jamais utiliser les pédales de manière à faire se mêler mal les harmonies, mais doivent au moment opportun faire chanter les cordes ensemble comme le désire le compositeur. Les pensées ne peuvent jamais s'éloigner un seul instant du jeu ; ils doivent rester fidèles, préparer ce qui va arriver et commander aux mains d'accomplir exactement la bonne tâche, de la bonne manière. Cela nous montre, voyez-vous, la deuxième qualité et la stricte de la musique. Cela ne nous permettra pas d'être désordonnés, et plus encore, cela nous enseigne une habitude d'ordre qui nous sera utile dans toute autre tâche. Voyons maintenant :

Premièrement, nous devrions étudier la musique pour le bonheur qu'elle nous procurera.

Deuxièmement, nous devrions étudier la musique dans l'ordre qu'elle nous enseigne.

Il y a une troisième raison. Si la musique nous donne du bonheur, en l'apprenant, n'acquérons-nous pas le pouvoir de contribuer au bonheur des autres ? C'est l'un des plus grands plaisirs de l'apprentissage. Non seulement la connaissance nous est utile et nous procure de la joie, mais nous pouvons constamment la rendre utile et source de joie pour les autres. Cela ne nous apprend-il pas à quel point nous devons être reconnaissants envers tous ceux qui vivent utilement ? Et pensez à tous les hommes qui ont passé leur vie à écrire de belles pensées, à chanter du fond de leur cœur, jour après jour, tout au long de leur vie, pour la joie des autres pour toujours.

Dans notre prochain exposé, nous apprendrons que la pensée pure, écrite du cœur, est pour toujours un bien dans le monde. De là, nous apprendrons qu'étudier correctement la musique, c'est cultiver dans notre propre cœur la même bonne pensée que celle du compositeur. Par conséquent, la troisième raison que nous pouvons trouver pour étudier la musique est qu'elle nous rend capables d'aider et d'encourager les autres, de les aider en leur transmettant volontairement le peu de connaissances que nous avons et de les encourager en jouant les belles pensées sur le ton que nous avons appris.
.

Ce sont trois bonnes raisons, certes, mais il y en a bien d'autres. Parlons de l'un d'eux. Dans certains des entretiens que nous aurons, nous apprendrons que la vraie musique vient d'un vrai cœur ; et cette grande musique, c'est-à-dire les classiques, est la pensée d'hommes purs et nobles, instruits dans la manière d'écrire et soucieux de ne jamais écrire que le meilleur. Il est évident qu'il y a beaucoup de bien pour nous à étudier quotidiennement la musique d'hommes comme ceux-là. De cette façon, nous sommes mis en contact avec la plus grande pensée. Cette présence et cette influence constantes façonneront nos pensées pour leur donner une plus grande force et une plus grande beauté. Quand nous lirons l'histoire de la musique, nous verrons que les plus grands compositeurs ont toujours eu envie d'étudier dès leurs premiers jours les œuvres maîtresses de leur temps. Ils ont renforcé leurs pensées au contact de pensées plus fortes que les leurs, et nous pouvons gagner de la même manière si nous le voulons. Nous savons désormais qu'il existe de nombreuses raisons pour lesquelles il est bon d'étudier la musique. Nous en avons particulièrement parlé de quatre. Ils sont:

D'abord pour le bonheur qu'il nous procurera.

Deuxièmement, pour l'ordre qu'il exige de nous.

Troisièmement, pour le pouvoir que cela nous donne d'aider et d'encourager les autres.

Quatrièmement, pour la pensée grande et pure qu'elle amène devant nous et suscite en nous.

Toutes ces choses, sont-elles vraies, demandez-vous ? Si le petit enfant avait demandé cela au maître il aurait dit :

"Tu trouveras ces choses réelles parce qu'elles te rendent courageux. Et la douleur, la corvée et les larmes chaudes seront d'autant plus faciles à supporter pour cette connaissance, qui devrait être forte en toi comme une foi pure."

CHAPITRE III.

MUSIQUE DANS LE COEUR.

« Le génie de Raffaello va droit au cœur. » — *Autobiographie de Benvenuto Cellini.* [4]

La seule vraie façon d'apprendre est de faire. L'habileté de la main et l'habileté de la pensée ne peuvent être mises en valeur que par l'usage. Nous ne deviendrons ni très habiles , ni très instruits, ni très bons si nous ne nous consacrons quotidiennement à des tâches, souvent difficiles et désagréables, qui nous apporteront la sagesse, ou le succès, ou la bonté. Aucune de ces choses, ni aucune autre semblable, ne se produit simplement en en parlant. C'est la pire façon de toutes : simplement parler et ne pas agir. Mais si nous parlons honnêtement et agissons avec prudence, nous gagnerons beaucoup. Une compagnie agréable fait souvent naître des pensées qui, si nous les suivons assidûment, mènent loin dans la bonne direction.

Je ne sais pas si quiconque a comparé la musique à un pays. Mais nous pouvons faire la comparaison, et alors il devient clair que nous pouvons soit nous y promener, voir les belles choses, nous interroger à leur sujet et parler de notre admiration et de notre émerveillement ; ou nous pouvons y joindre une enquête vraie et sérieuse, qui nous donnera, en récompense, la compréhension claire de certaines choses que nous voyons. Voyageons ainsi ; d'abord parce que nous y acquerrons la vraie connaissance, mais mieux encore, parce que nous apprendrons ainsi *dans les premiers jours* que les plaisirs les plus vrais et les bonheurs les plus chers sont ceux pour lesquels nous avons fait quelque chose ; ceux pour lesquels nous avons donné à la fois du travail et des douleurs.

L'une des petites philosophes les plus sages du monde était Polissena[5], et je pense qu'elle est devenue sage simplement parce qu'elle a travaillé. À mesure que nous nous familiariserons de plus en plus avec la vraie musique, nous apprendrons ceci : la vraie musique est celle qui naît dans le cœur de quelqu'un. « Tous les écrivains immortels parlent avec leur cœur. »[6] Rien ne pourrait être plus vrai ; et comme ils parlent *avec* leur cœur, vous pouvez être sûr qu'ils ont l'intention de parler *dans* le nôtre. Nulle part ailleurs. Comme la vraie musique est créée dans le cœur de quelqu'un, nous devons la ressentir dans notre propre cœur pendant que nous la jouons, sinon cela ne signifiera rien. Le cœur doit le réchauffer, alors les beautés de la musique ressortiront. Il est étrange de constater à quel point nos humeurs s'expriment d'elles-mêmes. Tout ce que nous faisons avec nos yeux et avec nos oreilles, avec la langue et avec les mains, ce que nous faisons même avec nos pensées, est sûr de dire de lui-même, que nous le fassions de bon cœur ou non. Il est curieux que la vérité émerge de ce qui semble être un secret, mais aussi curieux que cela puisse paraître, elle éclate. Il faut y penser.

Chacun d'entre nous connaît la différence entre faire volontairement et involontairement. Nous savons que les choses faites avec joie et empressement sont bien faites et semblent jaillir directement du cœur. Non seulement cela, mais ils inspirent vraiment de la joie et de l'enthousiasme à ceux qui nous entourent. *Inspirer* n'est qu'un mot. Recherchez-le dans votre dictionnaire et voyez que cela signifie exactement ce qui se passe – *respirer* – ils insufflent de la joie et du bonheur *dans* toutes choses, et cela sort de notre cœur.

Maintenant, le bonheur peut être raconté de plusieurs manières : dans le rire, dans les yeux, dans un jeu, dans une vie comme celle de Polissena, dans n'importe quoi, mais dans rien qui ne gagne le cœur. Tout comme le bonheur peut se manifester dans n'importe quoi, il peut se manifester dans la musique. Nous pouvons mettre le bonheur en jeu, tout comme nous pouvons mettre le bonheur en musique. Et autant que nous y mettrons, nous en ressortirons. En outre, nous pourrions aussi bien apprendre maintenant qu'à un autre moment ceci : tout ce que nous mettons dans ce que nous faisons en ressortira. Cela peut être du bonheur ou de l'oisiveté ou de la haine ou du courage ; tout ce qui entre dans ce que nous faisons ressort très clairement. Tout, souviens-toi. Cela signifie beaucoup. Si vous vous entraînez pendant une heure, en souhaitant tout le temps faire autre chose, vous pouvez être sûr que votre souhait ressort de votre jeu si clairement que tout le monde le sait. Pensez-vous que c'est étrange ? Eh bien, c'est peut-être le cas, mais c'est strictement vrai.

Personne n'est peut-être en mesure d'expliquer pourquoi et comment, mais il est certainement vrai que lorsque nous jouons notre musique, tout ce qui se passe dans le cœur se fraye un chemin vers la tête, les bras et les mains dans la musique, à travers dans l'air et dans le cœur de tous ceux qui écoutent. C'est donc une vérité précieuse dont nous devons nous souvenir : tout ce que nous mettons dans notre musique en ressortira et nous ne pouvons pas l'arrêter ; et d'autres personnes le comprendront et sauront ce que nous sommes grâce à cela.

Une fois que nous aurons pleinement compris comment la musique exprimera nos sentiments les plus intimes , nous commencerons à comprendre sa véracité et sa puissance, ainsi que sa beauté. Nous verrons dès nos premiers jours que la musique dira la vérité. Cela nous aidera à comprendre un peu la véritable mission de l'art, « soit énoncer une chose vraie, soit orner une chose utile ». Dès que nous comprendrons *un peu cela* , nous commencerons à aimer l'art. Nous serons heureux et disposés à ce que la musique nous révèle, montre l'esprit qui est en nous, car peu à peu avec la compréhension viendront l'amour et le respect pour les belles pensées enfermées dans les tons.

Les hommes qui veulent dire quelque chose à un très grand nombre de personnes, dont beaucoup ne connaissent pas et à qui ils ne peuvent pas aller, écrivent tout ce qu'ils ont à dire et en font un livre. Il y a cependant des hommes qui ont beaucoup de belles pensées qu'ils souhaitent raconter à ceux qui peuvent comprendre ; ceux-ci peuvent habiter dans leur propre pays ou dans d'autres pays ; à leur époque ou dans le futur. Mais le message de ces hommes est si beau et si délicat qu'il ne peut être raconté avec des mots, alors ils le racontent en musique. Ensuite, dans leur propre pays et dans d'autres pays, à leur époque et pour toujours, les gens peuvent découvrir les pensées délicates en étudiant les pages de la musique, cherchant *avec leur cœur* la pensée qui est sortie du cœur du maître.

Vous étonnez-vous que les compositeurs vénèrent leur art ? On dit de Chopin que l'art était pour lui une haute et sainte vocation.[8] Est-ce que tu te demandes? Laissez-moi vous lire quelques mots sur son dévouement : « Pour devenir un maître habile et capable, il étudia, sans rêver à la… renommée qu'il obtiendrait. » « Rien ne pouvait être plus pur, plus exalté que ses pensées »,[9] parce qu'il savait que si ses pensées n'étaient pas pures, l'impureté ressortirait dans sa musique.

La musique d'abord ressentie dans le cœur puis écrite trouve son chemin et raconte tout sur le cœur, où il est né. Lorsque vous jouez et sentez que vous jouez avec le cœur, vous pouvez être sûr que vous êtes sur la bonne voie. Ce qui est beau, c'est que cela est vrai, même si la musique est simple. Le plus simple dira tout sur nous. Rappelez-vous, en jouant de la musique, que de grands et bons hommes ont mis en ton des pensées qui seront pour toujours une joie et un réconfort pour le monde. Certaines de ces conférences porteront sur la musique classique et commune. Mais même maintenant, je suis sûr que nous comprenons que la bonne musique vient de la pensée pure, et que la pensée pure vient d'un bon cœur. C'est certainement clair et simple.

La musique pure est sérieuse et chantante. Cela a un sens dans chaque partie. Aucun ton n'est sans un objectif noble. C'est la vraie musique. C'est du classique avec le cœur qui y est mis.

En étant fidèle à notre musique, cela fera pour nous plus que ce que nous pouvons rêver. Connaissez-vous l'inscription qui se trouvait autrefois sur la porte nord de la ville de Sienne, en Italie ?

"Sienne vous ouvre non seulement ses portes, mais aussi son cœur."

CHAPITRE IV.

LES TONS À PROPOS DE NOUS.

« L'éducation scientifique devrait nous apprendre à voir l'invisible aussi bien que le visible dans la nature. » – *John Tyndall* .[10]

Il y avait en Angleterre un célèbre scientifique nommé Tyndall, qui s'intéressait entre autres à l'étude du son. Il étudia les sons de toutes sortes, fit des expériences avec eux, nota ce qu'il observait et, à partir de tout cela, il écrivit un livre[11] utile à tous ceux qui désirent en apprendre davantage sur le son et sa nature.

Un jour, Tyndall et un ami gravissaient l'une des montagnes des Alpes.[12] Alors qu'ils gravissaient le sentier, l'attention de Tyndall fut attirée par un son aigu qui semblait venir du sol à ses pieds. En tant que penseur expérimenté, il était immédiatement curieux de savoir quelle en était la cause. En regardant attentivement, il découvrit qu'il provenait d'une myriade de petits insectes qui pullulaient au bord du chemin. S'étant assuré de ce que c'était , il parla à son compagnon du ton aigu et fut surpris d'apprendre qu'il ne pouvait pas l'entendre. L'ami de Tyndall pouvait parfaitement entendre tous les sons ordinaires. Cependant, cela semblait être un son d'un caractère tel qu'il n'atteignait pas son sens de l'ouïe. Celui qui, comme Tyndall, écoutait attentivement les sons de toutes sortes détecterait rapidement tout ce qui est inhabituel. Ce petit incident nous enseigne que des bruits peuvent circuler autour de nous et pourtant nous n'en savons rien. Cela nous apprend également à réfléchir aux tons, à les rechercher et, dans les premiers jours, à accroître notre connaissance et notre familiarité avec eux.

Les hommes de science, qui étudient les différents modes de fonctionnement de l'esprit, nous disent que l'habitude et aussi un esprit occupé nous rendent souvent inconscients de beaucoup de choses qui nous concernent. Parfois, nous n'avons pas remarqué la sonnerie de l'horloge, même si nous étions dans la pièce à l'heure exacte ; ou bien quelqu'un nous parle, et parce que nous pensons à autre chose, nous n'entendons pas ce qu'on nous dit. Il est certainement vrai que de très nombreuses personnes n'entendent pas la moitié des bruits qui se produisent autour d'eux et qui, s'ils étaient écoutés, apprendraient beaucoup aux gens. Et parmi tous ceux qui étudient la musique, ceux qui étudient la musique devraient être particulièrement attentifs aux sons de toutes sortes. En effet, la seule façon de commencer une éducation musicale est de commencer par apprendre à écouter. Robert Schumann, un compositeur allemand, a écrit un jour un ensemble de règles pour les jeunes musiciens. Comme Schumann avait l'habitude d'écrire seulement ce qui était absolument nécessaire, nous pouvons être sûrs qu'il considérait ses règles comme très importantes. Il y en a soixante-huit, et le tout premier fait référence à une attention particulière aux tons qui nous entourent. Si nous l'apprenons de mémoire, nous le comprendrons mieux et y penserons plus souvent. En plus de cela, nous aurons mémorisé la pensée sérieuse d'un homme vraiment bon et grand. Voici ce qu'il dit :

"La culture de l'oreille est de la plus haute importance. Efforcez-vous très tôt de distinguer chaque ton et chaque touche. Découvrez le ton exact émis par la cloche, le verre et le coucou."

Il y a certainement un bon indice là-dedans. Suivons-le de jour en jour, et nous verrons combien il y a de tons autour de nous que nous ne remarquons presque jamais. Nous devrions fréquemment écouter et découvrir lequel d'entre nous peut distinguer le plus grand nombre de sons différents. Nous apprendrons ensuite à écouter attentivement les sons et les bruits. Petit à petit, tous les sons, surtout les plus beaux, prendront pour nous une signification nouvelle et plus profonde ; ils seront pleins d'une beauté jusqu'alors méconnue qui nous apprendra à aimer la musique de plus en plus sincèrement.

Afin que nous puissions mieux comprendre comment les sons sont liés les uns aux autres, nous devrions apprendre très tôt à chanter la gamme majeure afin qu'elle monte et descende facilement comme une mélodie. À mesure que nous nous familiarisons de plus en plus avec ce son, nous devons fréquemment penser à ses sons séparés afin de ressentir exactement comment chacun sonne dans la gamme, comment il s'intègre dans la gamme et exactement ce qu'il dit, en fait ; on remarquera alors au bout d'un moment qu'on entend la gamme avec l'oreille interne, qui est plus fine et plus délicate.[13]

Nous devrions avoir des noms pour les gammes de tons, comme les jolies syllabes italiennes, ou, si ce n'est pas le cas, tout ce que suggère notre professeur. Nous devrions alors avoir une conception des tons tels qu'ils sont liés. Nous devrions apprendre que chaque ton de la gamme est coloré par la tonique. Chacun reçoit de la tonique un caractère qui nous en dit long, car nous apprenons à entendre sa relation avec son ton principal. Dans peu de temps, avec de la patience, nous serons capables d'entendre les tons dans l'ordre que nous choisirons de les penser. Ce pouvoir sera d'une grande aide pour toujours – nous devons être sûrs de l'obtenir dans les premiers jours.

Chaque fois que nous entendons deux sons, nous devrions essayer de les retrouver sur le piano. Cela nous fera écouter plus attentivement le ton de l'horloge, de la cloche de l'église, de l'oiseau, du verre à boire. Et qu'il y en a, comme le grincement de la porte, le grillon, le bruit du vent et de la pluie, le souffle du moteur et tous les autres sons que nous entendons dans une journée. Ainsi, peu à peu, notre familiarité avec les sons grandira et nous serons bien récompensés de tous nos efforts. Peu à peu, nous deviendrons de meilleurs auditeurs, mais nous parlerons de l'écoute dans notre prochain discours. Ceci, cependant, peut être dit maintenant : veillons toujours à écouter avec un soin particulier deux tons, en appelant l'un la tonique, ou premier, de la gamme majeure et en trouvant quel est le degré de l'autre, ou à quel degré il se situe. Cela nous fera mieux connaître la gamme et nous apprendrons que toute la musique que nous avons en sort.

Nous devons également écouter les sons afin de pouvoir dire quelque chose à leur sujet en plus de leurs noms d'échelles. Nous devons apprendre à décrire les tons, à savoir s'ils sont aigus ou graves, doux ou durs, forts ou doux, longs ou courts. Par exemple, à travers la fenêtre, j'entends la cloche d'une église. Quelqu'un sonne lentement pour que les tonalités soient longues. Le ton n'est pas très aigu (c'est G au-dessus du do médian) et la qualité est riche et douce. Cela décrit assez bien le son des cloches d'une église, et de la même manière nous pouvons décrire tous les sons que nous entendons. Nous devrions prendre l'habitude de rester souvent debout ou assis parfaitement immobiles et d'écouter tout ce qui se passe autour de nous. Même à la campagne, où tout semble aussi calme que possible, on sera surpris du grand nombre de bruits.

Il y a d'autres tons que je crains que nous soyons enclins à ne pas écouter. Je veux dire les sons que fait le piano lorsque nous faisons des exercices avec les doigts. On pense peut-être au mouvement des doigts, qui n'est pas tout ; ou bien on ne pense à rien, ce qui est très mauvais ; ou bien nos pensées commencent à imaginer d'autres choses alors même que nous jouons, ce qui est le pire de tous, et peu à peu nous oublions ce que nous faisons. L'un des moyens les plus rapides de devenir incapable d'entendre correctement les sons est de jouer du piano sans réfléchir pleinement à ce que nous faisons. C'est pourquoi ce doit être une règle de ne jamais jouer un son sans l'écouter attentivement. Si dans les premiers jours nous décidons de le faire et y restons fidèles, nous toucherons toujours les touches du piano avec soin, réflexion et révérence.

Ailleurs, nous aurons quelques leçons de ton précises dans le but de nous familiariser avec les tons qui nous entourent. Mais aucune règle ne peut surpasser en importance celle-ci, celle de ne jamais faire de musique sans réfléchir.

Avec soin et pratique, nous devenons bientôt assez habiles pour remarquer les tons avec la même facilité que nous remarquons les couleurs dans le jardin. Le sens du ton doit être aussi fort en nous que le sens de la couleur. Nous serons alors capables de distinguer des différences de tons qui sont à peu près les mêmes, aussi facilement que nous pouvons maintenant distinguer deux variétés de jaune, par exemple. Un peu de persévérance dans ce domaine et les beautés même des sons communs nous seront révélées.

CHAPITRE V.

ÉCOUTE.

"Vous devez écouter comme si écouter était votre vie." - *Phillips Brooks*. [14]

Lors de notre dernière conférence, nous avons appris qu'il était tout à fait possible que des sons nous entourent sans que nous les entendions. Parfois, comme dans le cas du compagnon de Tyndall, c'est parce que nous n'en sommes pas capables ; à d'autres moments, comme lorsque l'horloge sonne et que nous n'entendons pas, c'est parce que nous sommes occupés à autre chose. C'est à partir de ce dernier fait – être occupé à autre chose – que nous pouvons apprendre ce qu'est l'écoute. Écouter, ce n'est pas s'occuper d'autre chose. C'est être complètement attentif à ce que nous sommes censés entendre.

Le fait d'être occupé par d'autres pensées alors que nous devrions écouter est connu sous le nom d'inattention. Écouter avec toute son attention, tout le reste étant totalement absent de l'esprit, est une forme de concentration.

L'inattention est destructrice. Cela divise notre pouvoir entre deux ou plusieurs choses alors qu'il devrait être dirigé sur une seule chose. La concentration nous donne de plus en plus de puissance mentale. Si vous cherchez dans le dictionnaire ce que signifie concentration (vous devriez être de bons amis avec le dictionnaire), vous constaterez qu'elle est composée de *con* [15] signifiant avec, et *centrum* , un centre, "avec un centre", ou "venir dans un centre." Si vous tenez une loupe entre votre main et le soleil, vous constaterez qu'à une certaine distance, la lumière du soleil forme un cercle. En changeant la distance avec délicatesse, vous pouvez diminuer le cercle jusqu'à presque un point, — vous faites venir la lumière *vers un centre* . Lorsque le cercle de lumière est grand, aucun effet particulier n'est constaté par la main. Cependant, lorsque le cercle est aussi petit que possible, vous ressentez une sensation de chaleur qui, si elle se prolonge assez longtemps, va vraiment brûler la main. Ce petit cercle représente la lumière du soleil *en concentration* . Les rayons du soleil, au lieu d'être dispersés, sont centrés. Ils brûlent la main parce qu'ils sont pleins de pouvoir, puissants.

A titre d'exemple : que les différents rayons représentent l'inattention et le petit cercle de lumière la concentration. Le premier a peu ou pas de pouvoir ; ce dernier est plein de puissance. Cela illustre très bien ce qui se passe, aussi bien lorsque nos pensées sont dispersées sur un vaste espace, que lorsqu'elles sont rassemblées – concentrées – dans un petit cercle. En effet, la première écoute qui doit retenir notre attention n'est pas l'écoute tonale, mais l'écoute de ce qu'on nous dit. Personne sous la direction d'un bon professeur n'apprend bien s'il n'est pas attentif et obéissant. Et puis *écouter* et *faire* sont indissociables. L'écoute du ton nous rend autocritiques et observateurs, et les hommes de science nous assurent qu'à moins de devenir de bons observateurs dans nos premières années, cela nous sera impossible par la suite.[16]

Dans l'exposé précédent, nous avons parlé de l'écoute de toutes sortes de sons, en particulier ceux provenant de l'extérieur. Dans cet exposé, nous parlerons uniquement de la véritable écoute musicale. Vous savez maintenant que la musique née du cœur est la pensée d'un homme bon. Bien entendu, les belles pensées, quelles qu'elles soient, doivent être écoutées non seulement avec attention, mais aussi avec respect. La révérence est l'hommage que l'auditeur réfléchi rend à la musique d'un homme qui s'est magnifiquement exprimé dans son ton. Cela nous révèle immédiatement que nous devons écouter ce qui est grand dans le but d'acquérir des idéaux. Nous entendons ce que nous espérons atteindre. On dit du violoniste Pierre Baillot qu'à l'âge de dix ans seulement, il entendit jouer Viotti , et bien qu'il ne l'entendit plus avant vingt ans, l'interprétation resta toujours dans son esprit comme un idéal à réaliser dans son études, et il a travaillé pour y parvenir.

Les élèves du grand professeur de piano viennois Theodor Leschetizky disent qu'il ne pose pas plus souvent de questions que "N'entendez-vous pas ?" Il est non seulement difficile de s'écouter soi-même, mais écouter est une chose et décidément une chose supérieure, tandis qu'entendre en est une autre et également inférieure. Et cela nous montre, quand nous y pensons, qu'aucune autocritique n'est possible tant que nous n'oublions pas tout le reste et que nous n'écoutons pas ce que nous faisons et que nous n'écoutons pas avec concentration. Il nous apparaît désormais clairement que personne ne devient un musicien intelligent s'il n'est pas doué pour le sens du ton, pour l'écoute et pour la réflexion sur ce qu'il entend.

On peut relire les excellentes règles de Robert Schumann :

"Chantez fréquemment en chœurs, en particulier dans les parties médianes ; cela vous aidera à devenir musical."

De là, nous apprenons à essayer d'entendre plus que la mélodie, à essayer parfois de ne pas penser à la mélodie, mais d'écouter uniquement ce qui l'accompagne. Quand, à l'école, on chante à deux et trois parties, remarquez comme on est enclin à toujours chanter la soprano. La mélodie nous éloigne d'une autre partie si nous ne sommes pas concentrés sur notre partie. Mais remarquez à quel point les parties basses sont merveilleusement musicales. Écoutez-les attentivement, quelle que soit la partie que vous chantez.

Il semble qu'en musique, nous apprenions à écouter dans deux directions. Premièrement, en entraînant l'attention simplement à suivre les sons proéminents et à en être consciente tous ; puis, plus tard, nous n'avons pas besoin de trop penser à la mélodie dominante mais nous nous efforçons d'entendre les parties qui l'accompagnent. Ce sont des mélodies qui sont quelque peu masquées par la principale ; pas vraiment cachés non plus, car ils sont assez clairs si nous les écoutons. Ils font penser à des fleurs cachées dans l'herbe et le feuillage. Ils n'en sont pas moins beaux, quoiqu'ils soient cachés ; car le soleil les cherche et les fait fleurir.

Nous trouvons des mélodies cachées dans toute bonne musique car c'est le caractère de la bonne musique d'avoir partout une pensée mélodique intéressante et belle. Il n'y a jamais de tons dénués de sens autorisés. Chaque son dit quelque chose et est nécessaire. Il est curieux que, dans notre jeu, dès que nous réfléchissons à un ton ou à une partie de voix avec le désir de l'entendre, cela ressort immédiatement aussi clairement que s'il s'agissait de la mélodie la plus haute. Cela illustre le pouvoir de la pensée concentré même sur une chose cachée. Vous savez comment, chez Bach, même les œuvres pour piano bougent comme si toutes les parties devaient être chantées par des voix. Cela rappelle une conversation; de l'histoire, des questions et réponses, de la joyeuse conversation en agréable compagnie. Certains morceaux de phrases sont trépidants et pleins de rires,[17] d'autres graves et majestueux,[18] d'autres ont une merveilleuse dignité de cœur et d'esprit.[19]

De telles qualités donnent à la musique un intérêt et un sens dans chaque partie. Il ne vous faudra pas longtemps pour découvrir que c'est justement l'absence de ces qualités qui rend les autres musiques communes.

La mélodie n'est soutenue par rien de particulièrement digne d'être écouté. On pourrait dire que la bonne musique est comme le feuillage du jardin, chaque feuille et chaque pétale étant diversement mais finement formés, et tous combinés pour former un bel ensemble.

Lorsque vous avez appris à suivre attentivement l'accompagnement d'une mélodie, essayez de suivre les parties à voix unique du refrain, en particulier la basse, le ténor et l'alto. Et quand vous allez à des concerts d'orchestre, apprenez très tôt à suivre des instruments spéciaux comme la clarinette, le hautbois, le tambour.

Essayez surtout de suivre les cordes graves, l'alto, le violoncelle et la basse. Ils sont fortement caractéristiques. Vous n'apprendrez leurs qualités particulières qu'en leur accordant une réflexion particulière et concentrée. Vous verrez maintenant qu'une écoute attentive et attentive a ses voies et ses objectifs précis. Les voici:

I. L'écoute vient de la concentration.

II. Lorsque vous écoutez de la bonne musique, cela doit être fait avec respect et attention.

III. Nous devons écouter les idéaux.

IV. Nous devons écouter pour faire notre autocritique.

> V. L'écoute constante de la vraie musique révèle qu'il n'y a jamais de son utilisé à moins qu'il n'ait un sens.

Et en plus de tout cela, nous devons penser que parmi ceux qui nous écoutent, il y a peut-être quelqu'un qui a appris cette manière soigneusement concentrée. Alors nous aurons toujours à l'esprit de « jouer comme en présence d'un maître ».[20]

CHAPITRE VI.

PENSER SUR LE TON.

"Les dieux pour le travail nous vendent toutes les bonnes choses." - *Épicharme* .[21]

Peut-être avez-vous des doutes sur ce que l'on entend exactement par pensée musicale. Connaissant quelque peu les compositeurs et la musique, l'idée vous vient peut-être que toute la musique que nous entendons dans le monde doit avoir été composée par quelqu'un – par plusieurs personnes, en fait. Ils ont dû s'asseoir et, oubliant tout le reste, écouter attentivement la pensée musicale qui remplit l'esprit. Si vous vous asseyez tranquillement seul, vous découvrirez que vous pouvez facilement penser des mots et des phrases et les entendre réellement dans votre esprit sans rien prononcer. De la même manière, le compositeur s'assoit et entend la musique, ton par ton, et aussi clairement que si elle était jouée par un piano ou un orchestre. Et pour lui, les tons ont une signification claire, tout comme les mots ont une signification claire pour nous. Naturellement, on voit qu'il ne pourrait y avoir d'autre solution. Si le compositeur ne peut pas tout penser exactement, il ne peut y avoir de musique, car la musique doit être écrite, et on ne peut écrire que ce qu'on pense. Donc, à ce stade, la pensée à retenir est la suivante : la musique doit exister dans l'esprit de quelqu'un avant que d'autres puissent l'entendre et l'apprécier.

De la même manière, de la même manière en fait, le peintre est celui qui pense des tableaux ; le sculpteur, celui qui pense statues ; l'architecte, celui qui pense les bâtiments. Ils pensent ces choses comme vous pensez aux mots ; et comme vous exprimez vos pensées par des paroles, de même ils racontent leurs pensées par de la musique imprimée, des tableaux peints, des statues ciselées et des bâtiments érigés. Or, d'après tout cela, il devrait vous être clair qu'il ne peut y avoir rien qui n'ait été d'abord pensé par quelqu'un . Vous *pensez que* la porte doit être fermée et vous la fermez ; vous *pensez* que vous devez connaître l'heure et vous regardez l'horloge ; vous *pensez* qu'une main devrait jouer plus fort que l'autre et vous essayez de le faire.

Le pouvoir d'obtenir et de faire des choses ne nous parvient rapidement que dans les contes de fées. Dans le monde réel, beau et sain dans lequel nous vivons, nous devons travailler dur et honnêtement pour obtenir le pouvoir d'obtenir ou de faire des choses. Par un travail fidèle, nous devons gagner ce que nous voulons. Ce pour quoi nous ne travaillons pas, nous ne l'obtenons pas. C'est une condition de choses si simple qu'un enfant peut facilement la comprendre. Mais tous, enfants et aînés, ont tendance à l'oublier. Dans la vie de chaque grand homme, il y a une histoire différente de celle de tout autre grand homme, *mais dans chacun d'eux* se trouve cette vérité sur le travail pour le pouvoir que l'on possède.

Dans notre exposé sur l'écoute, il a été dit que les sons que nous entendons autour de nous sont d'autant plus faciles à comprendre que nous nous familiarisons d'abord avec la mélodie appelée gamme majeure. Mais pour penser la musique, il faut la connaître – en fait, la pensée musicale est impossible sans elle. Comme il n'est pas difficile d'apprendre la gamme, vous devriez tous la fixer dans votre esprit rapidement et en toute sécurité.

Il vous est désormais possible d'entendre la gamme sans chanter ses tonalités à haute voix. Écoutez et voyez si ce n'est pas le cas ! Pensez maintenant aux mélodies que vous connaissez, aux chansons que vous chantez, aux morceaux que vous jouez. Vous pouvez les chanter assez fort (*pouvez* -vous les chanter ?) ou sur un ton moyen, ou vous pouvez les fredonner doucement comme pour vous-même ; ou bien encore, vous pourrez les penser sans émettre le moindre son, et chaque ton sera aussi clair que lorsque vous le chantiez le plus fort. Ici, je peux vous dire que Beethoven a écrit plusieurs de ses plus grandes œuvres alors qu'il était si sourd qu'il ne pouvait pas entendre la musique qu'il faisait. Par conséquent, il a dû être capable de l'écrire à partir de sa pensée exactement comme il voulait que cela sonne. Lorsque vous comprendrez ces étapes et ces méthodes, vous connaîtrez alors le début de la pensée musicale.

Examinons dans cet exposé ce que le piano doit faire dans notre pensée musicale. Quelle relation y a-t-il entre la musique dans l'esprit et les sons produits par le piano ? Il semble vraiment que le piano soit un appareil photographique, faisant pour nous une image de ce que nous avons écrit, un appareil photo si subtil en effet qu'il photographie non pas des choses que nous pouvons voir et toucher, mais des choses invisibles qui n'existent qu'en nous. Mais si fidèle que soit le piano en cela, il peut devenir le moyen de nous faire beaucoup de mal. Nous pouvons prendre l'habitude de faire confiance au piano pour penser à notre place, de le faire faire, en fait. Au lieu de parcourir attentivement les pages de notre nouvelle musique, de la lire et de la comprendre mentalement, nous courons vers le piano et, avec notre habileté à jouer, nous nous asseyons et utilisons nos mains au lieu de notre esprit. Aujourd'hui, beaucoup le font, jeunes et vieux. Mais les seules personnes qui ont la possibilité de concevoir correctement leur musique sont les jeunes ; les vieux, s'ils n'ont pas déjà appris à le faire, ne le pourront jamais. C'est une loi qui ne peut pas être modifiée.

Nous avons tellement parlé d'écouter que cela devrait désormais être une habitude bien ancrée en nous. Si tel est le cas, nous en apprenons chaque jour un peu plus sur les tons, leurs qualités et leur caractère. Et nous ne le faisons pas seuls en entendant les tonalités, mais en y prêtant une grande attention.

Rappelons-le maintenant : l'écoute ne vient pas des oreilles mais de la pensée. On pense qu'elle est *concentrée* sur l'audition. Plus cette habitude d'écouter le ton persiste en nous, plus nous tirerons de puissance de notre capacité à lire la musique. Toutes ces choses s'entraident. Nous commencerons bientôt à découvrir que nous avons non seulement des pensées sur les tons sonores, mais aussi sur les tons imprimés. Cela se produit d'autant plus que notre connaissance de l'échelle augmente.

Nous pouvons désormais apprendre l'une des plus grandes et des plus merveilleuses vérités de la science : *une grande connaissance de tout vient du fait de ne jamais cesser d'étudier les premières étapes.*

La gamme majeure, telle que nous l'apprenons pour la première fois, semble être une chose parfaitement simple. Mais si nous y pensons toute notre vie, nous ne découvrirons jamais les merveilles qu'il recèle. Par conséquent, trois règles simples à suivre pour apprendre à penser la musique sont les suivantes :

1. Pour écouter toutes les tonalités.

2. Ne jamais arrêter d'étudier la gamme majeure.

3. S'habituer à entendre des sons intérieurs.

Si nous y sommes fidèles, nous deviendrons, avec une étude et une industrie croissantes, de plus en plus indépendants du piano. Nous ne penserons jamais avec nos mains, ni ne dépendrons de quoi que ce soit en dehors de nous-mêmes pour le sens contenu dans la pensée-ton imprimée.

Si maintenant nous joignons deux choses, nous obtiendrons la force des deux réunies, qui est plus grande que celle de l'une ou l'autre seule.

Si dans nos leçons de jeu nous n'utilisons que la musique la plus pure (musique de cœur, rappelez-vous), et si nous sommes fidèles dans nos leçons de pensée plus simples, nous acquerrons le pouvoir non seulement de la pensée pure, mais aussi d'une pensée de plus en plus forte. Cela vient du fait d'être quotidiennement en présence de grandes pensées, car nous sommes en présence de grandes pensées lorsque nous étudions une grande musique, lisons un grand poème, regardons un grand tableau ou un grand édifice. Toutes ces choses ne sont que des signes rendus manifestes, c'est-à-dire clairs pour nous, de la pure pensée de ceux qui les ont créés.

Thomas Carlyle, un auteur écossais de ce siècle, parlait très justement lorsqu'il disait :

« Les grands hommes sont une compagnie profitable ; nous ne pouvons pas regarder un grand homme sans gagner quelque chose grâce à lui. »[22]

CHAPITRE VII.

CE QUE NOUS VOYONS ET ENTENDONS.

"Vous devez sentir les montagnes au-dessus de vous pendant que vous travaillez sur votre petit jardin." - *Phillips Brooks.* [23]

Ailleurs, nous aurons quelques leçons précises de pensée musicale. Consacrons donc cet exposé à découvrir ce que nous suggèrent les choses que nous voyons et entendons.

Une fois, un garçon écrivait de petites chansons. Lorsque les gens lui ont demandé comment il pouvait y parvenir, il a répondu en disant qu'il composait ses chansons à partir de pensées que la plupart des autres laissaient échapper. Nous avons déjà parlé de la pensée et de l'apprentissage de son expression. Si seulement une personne à la pensée pure veut l'emmagasiner et devenir capable de l'exprimer correctement, le moment venu, elle pourra faire de petites chansons ou bien d'autres choses ; car tout est fait de pensée. Le poème est une pensée emmagasinée exprimée en mots ; la grande cathédrale comme celle de Winchester, en Angleterre, ou celle près du Rhin, à Cologne, en Allemagne, est une pensée emmagasinée exprimée dans la pierre. Ainsi en est-il du tableau et de la statue : ils sont emmagasinés pensés sur toile et dans le marbre.[24] En bref, on apprend en regardant les grandes choses et ce que sont les petites ; et nous savons par les poèmes, les bâtiments et autres, que ces choses, et même des choses plus communes, comme un jardin bien entretenu, une pièce bien rangée, une leçon soigneusement apprise, même un sourire sur le visage, résultent chacune d'elles d'une mémoire stockée. -pensée.

On peut donc faire une définition des CHOSES en disant qu'elles sont ce qui est pensé. Les choses sont faites de pensée. Même si vous ne pouvez pas comprendre pleinement cela maintenant, gardez-le avec vous et, à mesure que vous vieillissez, sa vérité deviendra de plus en plus claire. Ce sera lumineux. Lumineux n'est qu'un mot, car il vient d'un mot dans une autre langue et signifie *lumière* . Maintenant, mieux vous comprenez les choses, plus vous avez *de lumière* à leur sujet. Et cela vous permet de comprendre à quel point l'ignorance a été comparée à l'obscurité. Par conséquent, du poème, du bâtiment, de la peinture, de la statue et des choses plus communes, nous pouvons apprendre, comme il a été dit dans un discours précédent, que la musique est une pensée emmagasinée racontée dans de belles tonalités.

Examinons maintenant la partie précieuse de tout cela. Si les poèmes, les statues et toutes les autres belles choses sont faites à partir de pensées emmagasinées (et les choses les plus communes le sont aussi), nous devrions être capables, en étudiant ces choses, de dire quel genre de personne c'était qui les pensait. ; ou, en d'autres termes, qui les a fabriqués. C'est vrai, nous le pouvons. Nous pouvons connaître toute la pensée de la personne, en ce qui concerne son art et son œuvre principale. Presque toute sa vie est exposée dans les œuvres qu'il réalise. Nous pouvons connaître la nature de l'homme, la quantité d'études qu'il a accomplies, mais surtout, nous pouvons déterminer sa signification. Le visage raconte toute son histoire passée à celui qui sait regarder.[25] Ses intentions sont partout aussi claires que possible dans ce qu'il fait.

donc qu'il y a plus dans le travail d'une personne que ce que nous voyons au premier coup d'œil. Il y a des reflets aussi clairs que ceux d'un lac de montagne. Et comme le lac de montagne ne reflète que ce qui est *au-dessus* de lui, de même l'œuvre du musicien, de l'artiste, de n'importe qui en fait, reflète ces pensées qui planent toujours au-dessus des autres. Les pensées du bien, les pensées du mal, les pensées de générosité, les pensées de vanité égoïste, celles-ci *et toutes les autres* , se reflètent si fortement dans le travail que nous faisons qu'elles sont souvent plus clairement visibles que le travail lui-même. Et avec les œuvres d'un grand artiste devant nous, nous pouvons découvrir non seulement ce qu'il a fait et ce qu'il savait, mais aussi ce qu'il a ressenti *et même ce qu'il ne voulait pas dire* .

Nous savons maintenant ce qu'est la pensée musicale. On voit aussi pourquoi le jeune musicien doit apprendre à penser la musique. En réalité, il n'est pas musicien tant qu'il n'est pas capable de penser correctement dans le ton. Et plus encore, lorsque nous avons une certaine compréhension de la pensée musicale, nous ne pensons pas seulement à ce que nous jouons et entendons, mais nous commençons à nous demander quelle histoire elle raconte et quel sens elle devrait transmettre. Nous commençons à rechercher dans la musique la pensée et l'intention du compositeur et, peu à peu, avant même de nous en rendre compte, nous commençons à rechercher quel genre d'esprit et de cœur le compositeur avait. On commence vraiment à étudier son personnage à partir des œuvres qu'il nous a laissées.

Nous avons maintenant franchi la première étape vraiment intelligente vers une connaissance par nous-mêmes de la musique commune et classique. Plus tard, à mesure que nos capacités augmenteront, cela nous sera d'une grande valeur. Nous commençons à voir, petit à petit, ce que l'auteur voulait dire. C'est le véritable test de tout cela. Nous ne voulons pas trouver de simples jingles dans la musique, nous voulons une musique qui dit quelque chose. Même un très jeune enfant sait que « vingt en tout cas moi moe " n'a pas de sens réel, même s'il s'agit d'une chaîne de sons agréable à prononcer dans un jeu.

Ainsi, nous apprenons à examiner ce que nous entendons et ce que nous voyons et essayons de déterminer la quantité de pensée qu'il contient et de quel type de pensée il s'agit. Nous voulons savoir si la bonté s'exprime ; si la meilleure œuvre de l'homme est devant nous, ou si, pour une raison moindre, son égoïsme et sa vanité sont les plus marquants. Et rappelons-nous que lorsque nous recherchons ces choses dans les œuvres des autres, d'autres personnes réfléchies observeront nos actions, nos jeux, nos discours, nos petites habitudes, et tout cela pour voir quelles sont nos intentions chaque fois que nous nous exprimons. Ils examineront quelles pensées nous mettons dans nos actions, qu'il s'agisse de pensées de bonté ou d'égoïsme. Et nos actions seront toujours aussi bonnes que la réflexion que nous y mettons.

Or, une erreur grande et courante est que nous espérons parfois, par quelque changement mystérieux, comme dans un conte de fées, qu'ils seront meilleurs que ce que nous envisageons. Mais dès les premiers jours, apprenons que cela n'est pas possible.

CHAPITRE VIII.

LES CLASSIQUES.[26]

"Un travail authentique fait fidèlement, c'est éternel." - *Thomas Carlyle.*

Plus nous vieillissons et plus nous étudions, plus nous entendrons parler des classiques, de la musique classique, de l'art classique et des livres classiques. Dès le début, gardons à l'esprit que l'un de nos devoirs est de découvrir la différence entre ce qui est classique et ce qui ne l'est pas. Nous aurons alors une bonne compréhension. Un écrivain anglais sur l'art dit : « Les écrivains et les peintres de l'école classique n'écrivent rien d'autre que ce qui est connu pour être vrai, et l'écrivent de la manière la plus parfaite possible à leur manière. »[27]

Et nous avons déjà appris que la pensée venant du cœur, exprimée par des tons, est une bonne musique. D'un autre côté, une pensée sans cœur, exprimée par le ton, fait une musique pauvre ou commune. Mendelssohn écrivait dans une de ses lettres : « Quand j'ai composé une pièce telle qu'elle jaillit de mon cœur, alors j'ai fait mon devoir envers elle. »[28] Mais en écrivant des pensées, que ce soit en mots ou en tons, il y a une chose très importante à ajouter aux désirs du cœur. C'est l'entraînement de l'esprit. Avec les deux, on travaille et on juge avec sagesse.

Avec une pensée et une intention très pures, mais sans éducation, on ne pourrait pas écrire pour les autres, et avec un peu d'éducation, on ne pourrait écrire que de manière partiellement correcte. Cela nous amène à l'un des entretiens les plus intéressants que nous aurons. Essayons de rendre les choses claires et simples.

On imagine aisément un homme à la fois vrai et bon qui ne sait ni écrire ni épeler. Heureusement, de nos jours, presque toutes les personnes assez âgées savent faire les deux. Nous pouvons comprendre que cet homme puisse avoir de belles pensées – les pensées d'un vrai poète ou d'un véritable artiste – mais étant incapable d'écrire ou d'épeler, il ne pouvait pas mettre ses pensées sur papier pour que d'autres puissent les lire et les étudier. C'est ainsi que les pensées sont préservées et transformées en livres afin que les gens puissent en bénéficier.

Il faudrait donc que cet homme dont nous parlons se fasse assister de quelqu'un qui sache écrire ses pensées et épeler ses mots. Ensuite, ensemble, ils devraient parler de leurs pensées, choisir les mots appropriés, former les phrases et faire en sorte que tout s'emboîte parfaitement, comme le doit un écrivain qui désire être clair. Mais il est plus que probable que celui qui écrit ne fera pas toutes ces choses à la satisfaction de l'autre. Il ne peut y avoir qu'un seul résultat. La personne qui avait de belles pensées souhaiterait toujours avoir appris dès les premiers jours à écrire et à épeler. Il pouvait alors faire toutes ces choses par lui-même et montrer ses pensées aux autres exactement telles qu'il souhaitait qu'elles apparaissent.

Il est désormais clair que certains peuvent avoir des pensées belles et précieuses et ne pas savoir comment les écrire, tandis que d'autres peuvent avoir la capacité d'écrire sans avoir de pensées qui méritent d'être préservées. Évidemment, ce qu'il faut avoir, ce sont à la fois de belles pensées et la capacité de les écrire.

Avez-vous pensé, en vous lisant ce passage de la lettre de Mendelssohn, qu'il suffit à un compositeur de trouver dans son cœur exactement ce qu'il veut dire ? Comme nous l'avons déjà découvert, cela ne suffit pas. Pour vous montrer que Mendelssohn n'avait pas peur du travail acharné, lisons un peu une autre de ses lettres.[29] Mendelssohn avait décidé de travailler en Allemagne et de subvenir à ses besoins. " Si je trouve que je ne peux pas le faire, alors je dois le quitter pour Londres ou Paris, où il est plus facile de m'en sortir. Je vois en effet où je devrais être plus honoré et vivre plus gaiement et plus à mon aise qu'en Allemagne. , où un homme doit avancer, travailler dur et ne prendre aucun repos, — néanmoins, si je peux y réussir, *je préfère* cette dernière solution. »[30]

Nous pouvons maintenant comprendre qu'il en est à peu près de même pour les penseurs de mots et pour les penseurs de tons. Les bonnes pensées et leur écriture appropriée font des classiques.

De cette pensée en découle une autre. C'est ceci : Les grandes pensées, bien exprimées, d'un grand cœur, font les œuvres qui durent le plus longtemps ; et plus encore, car une vérité en entraîne une autre. Eux seuls peuvent apprécier les classiques qui ont quelque chose de classique en eux. Ils doivent avoir le cœur vrai dans ses sentiments, tendre dans ses sentiments. Même un enfant peut avoir ça. Ils doivent avoir un esprit entraîné à la manière la plus vraie et la meilleure d'exprimer leurs pensées. Et un enfant peut commencer à apprendre cela. Nous voyons donc qu'un enfant peut être digne d'un classique. Seulement, nous ne devons jamais, *au grand jamais* , quelles que soient nos capacités, penser que nous sommes meilleurs ou au-dessus des autres. Plus une personne a de talents, plus elle est censée accomplir et plus son devoir est grand.[31]

Jusqu'à présent, nous avons trois vérités ; en voici maintenant un quatrième : certains aiment les classiques plus tôt et mieux que d'autres parce qu'ils ont plus de puissance. Et comment l'obtiennent-ils ? Ils pensent davantage (réflexion) ; ils ressentent davantage (apprentissage du cœur) ; et ils voient plus (à la recherche de la vérité).

Revenons immédiatement en arrière et rassemblons ces quatre vérités. Ils sont importants. Peut-être que certains d'entre nous qui sont prêts à y consacrer du temps les apprendront de mémoire.

Et pour nous récompenser de la peine de le faire, nous aurons une compréhension de plus en plus grande de beaucoup de choses. Les voici :

I. Les bonnes pensées et leur écriture appropriée font les classiques.

II. Les grandes pensées, bien exprimées, d'un grand cœur, font les œuvres qui durent le plus longtemps.

III. Eux seuls peuvent apprécier les classiques qui ont quelque chose de classique en eux.

IV. Certains aiment les classiques plus tôt et mieux que d'autres parce qu'ils ont plus de puissance.

Que nous apprendront ces vérités ? Cette vraie musique ne s'apprend pas rapidement ; que le chemin de l'Art est long et difficile. Mais si le chemin est long, il est pourtant beau à chaque détour ; si c'est difficile, cela vaut la peine de lutter pour obtenir ce qui vient. En lisant la vie des grands compositeurs, vous apprendrez qu'ils s'acquittaient volontiers de leurs tâches et qu'ils les accomplissaient bien. C'est ce que font tous les grands hommes. *Les grands hommes font de petits pas avec précaution* , quelle que soit la rapidité avec laquelle ils peuvent aller.

L'un d'eux [32] a écrit : « Le succès vient avec de petits pas. » Et cela vient totalement involontairement. En plus de tout cela, nous devons nous rappeler que le pouvoir de ces choses vient de

I. Réflexion ;

II. Apprentissage du cœur ;

III. Recherche de vérité.

Maintenant, pour terminer, lisons quelques mots d'un livre que nous pourrons tous lire un jour : [33] "Le grand art est l'expression de l'esprit d'un grand homme, et l'art mesquin d'un homme faible." N'oublions pas cela lorsque nous choisissons les choses à jouer.

Plus loin, Ruskin dit : « Si la pierre est *bien* assemblée, cela signifie qu'un homme réfléchi l'a planifié, qu'un homme prudent l'a coupé et qu'un honnête homme l'a cimenté. » [34]

De même, dans ces choses, on peut voir ce qui est classique : un travail du cœur et bien fait, et cela vient d'une personne réfléchie, prudente et honnête.

CHAPITRE IX.

CE QUE NOUS DEVONS JOUER.

"Mais les bénédictions ne tombent pas entre des mains apathiques." — *Bayard Taylor.*

Nous commençons déjà à comprendre ce que sont les classiques. D'année en année, à mesure que notre intérêt pour le beau augmente, nous acquerrons des connaissances plus précises sur l'art classique. Ce qui est classique va commencer à s'annoncer en nous. Notre propre choix indique notre goût mais n'indique pas toujours ce qui nous convient le mieux. Et l'un des buts de l'art est d'améliorer le goût en nous présentant les plus belles œuvres ; en eux, par l'étude, nous trouvons une beauté que nous ne connaissons pas. Ainsi, nous élargissons notre capacité à cela.

Parce que nous sommes nés avec un goût non formé et non formé, vous pouvez immédiatement voir la raison pour laquelle nous augmentons progressivement les tâches. Ils sont toujours un peu plus difficiles — comme gravir une montagne — mais ils donnent une vue de plus en plus fine. La vue depuis le sommet de la montagne ne peut pas être obtenue d'un seul coup. Nous devons travailler vers le haut pour y parvenir. C'est pourquoi vous remarquerez dans vos leçons que ce qui était autrefois une tâche appropriée n'a plus tout à fait la même valeur en raison de votre puissance accrue. Mais c'est précisément à ce sujet que nous aurons une discussion plus tard.

Quand on a entendu beaucoup de musique de toutes sortes, on commence vite à comprendre qu'il en existe deux genres communément choisis. Certains musiciens choisissent la vraie musique avec une pensée pure et font de leur mieux pour bien la jouer selon la manière demandée par le compositeur. Leur objectif est de donner une expression fidèle à la musique d'un bon écrivain. D'autres acteurs semblent agir pour des raisons totalement différentes. Ils choisissent une musique qui a un caractère voyant, avec beaucoup de génie et peu de réflexion. Leur objectif n'est pas de montrer ce qu'est la bonne musique, mais de se montrer. Le désir du premier est vérité, celui du second est vanité.

Maintenant, en examinant cela, ainsi que les deux types de musique, nous découvrons beaucoup de choses. Cela prouve que nous devons travailler pour le mieux ; pour la musique vraie, pas pour la musique vaine. À mesure que nous nous familiarisons avec la vraie musique, nous la trouvons de plus en plus intéressante : elle ne cesse de nous dire de nouvelles choses. Nous y revenons encore et encore, obtenant de nouvelles significations. Mais la musique voyante livre bientôt tout ce qu'elle a ; on n'y trouve guère ou rien de plus qu'au début. Comme il n'a pas été fait à partir d'une bonne pensée mais pour être exposé, nous ne pouvons y trouver une pensée plus nouvelle et plus belle, et l'exposition devient vite ennuyeuse. La vraie musique est comme la lumière dans une pierre précieuse magnifiquement taillée, il semble que nous ne voyons jamais tout ce qu'elle est – elle n'est jamais deux fois la même ; il s'en dégage toujours un nouvel éclat car c'est un véritable joyau de part en part. Elle est pleine de vraie lumière, et la vraie lumière s'oppose toujours aux ténèbres ; et l'obscurité est la source de l'ignorance.

De tout cela, vous pouvez maintenant comprendre l'opinion étrangement exprimée d'un homme très sage, qui a dit : « Dans l'exercice de ta place, donne devant toi le meilleur exemple. »[35] Cela signifie que tout ce que nous nous efforçons d'apprendre doit être tiré d'enseignements. des œuvres du meilleur genre. Au début, nous ne pouvons pas choisir judicieusement les meilleurs exemples à nous proposer ; c'est donc à nous d'écouter ce que disait un autre sage : « Quant au choix dans l'étude des pièces, demandez conseil à des personnes plus expérimentées que vous ; vous gagnerez ainsi beaucoup de temps. » [36] Vous gagnez ainsi doublement du temps. Plus tard dans votre vie, vous n'aurez plus aucun mauvais goût à surmonter : c'est une économie ; et déjà vous connaissez depuis l'enfance de nombreux classiques, et c'est une autre économie. Ce que nous apprenons dans l'enfance est un pouvoir pour toute notre vie.

Vous pouvez voir clairement maintenant que tant dans le choix des pièces que dans la manière de les jouer, le caractère d'une personne se révélera. Nous avons vu dans le dernier exposé comment le caractère doit s'exprimer dans l'écriture. Seul un personnage très commun choisirait des morceaux entièrement écrits pour un vain spectacle – des passages rapides, des arpèges scintillants et des accords forts et insignifiants. Pire encore, un tel choix de pièces révèle deux personnes ordinaires, trois en fait : un compositeur qui n'a pas écrit une pensée pure avec le cœur ; un professeur qui n'a pas insufflé de bonnes pensées dans le cœur de l'élève ; et vous-même (si vraiment vous tenez à de telles choses) qui jouez avec un vain désir d'être considéré comme brillant.

Un musicien qui consacre son esprit et ses mains uniquement à ce qu'un compositeur insignifiant écrit pour lui n'est digne d'aucun pouvoir. Avec nos mains dans la musique, comme avec notre langue dans la parole, efforçons-nous dès le début d'être véridiques. Essayons par les deux manières d'exprimer la plus haute vérité que nous puissions concevoir. Alors, en art, nous nous rapprocherons au moins du véritable artiste ; et dans la vie, nous nous rapprocherons de la vraie vie. Chaque simple pièce vide que nous étudions prend le temps et l'occasion où nous pourrions apprendre une bonne composition, par un maître du cœur. Et c'est seulement avec une telle musique que vous pourrez, au cours de votre vie, entrer dans le cœur de ceux qui sont les plus dignes de votre connaissance. À partir de cette pensée, Schumann a deux règles désormais très faciles à comprendre pour nous :

"Ne contribuez jamais à faire circuler de mauvaises compositions; aidez au contraire à les supprimer avec sérieux."

"Il ne faut ni jouer de mauvaises compositions, ni les écouter, à moins d'y être obligé."

Nous arrivons maintenant à une conclusion vraiment définitive sur les compositions que nous devrions jouer et, dans une certaine mesure, sur la manière dont nous devrions les jouer.

Le cœur, l'esprit et les mains, ou la voix, si vous chantez, devraient s'unir dans notre musique ; et sois consacré au beau. Consacrer est exactement le mot. Recherchez-le dans votre dictionnaire.[37] Cela vient de deux autres mots, n'est-ce pas ? *Con* signifiant *avec* et *sacer* signifiant *sainteté*. Consacrez donc votre cœur, votre tête et vos mains *avec sainteté* au beau. C'est très clair, j'en suis sûr.

Cela vaut également la peine de le faire. « Avec sainteté » décrit *comment* jouer et vraiment *quoi* jouer. Une composition née d'un homme véritable est déjà consacrée dans la pensée. Il l'a entendu et ressenti en lui-même. Chaque jour, vous devez vous rapprocher de plus en plus de ces messages et significations. Et ne sont-ils pas déjà plus *lumineux* pour vous ? Et vous souvenez-vous de ce que nous avons dit "lumineux" ?

CHAPITRE X.

LA LEÇON.

"Tout le monde accorde la plus grande valeur à ce qui leur a coûté beaucoup de travail."
—Aristote.[38]

C'est vrai que la musique est belle et qu'elle nous apporte bonheur et réconfort. Mais néanmoins, la musique est difficile à apprendre *pour tout le monde* ; plus difficile pour certains que pour d'autres, mais difficile pour tous. C'est bien et mieux qu'il en soit ainsi. Nous apprécions au plus haut point ce pour quoi nous travaillons sérieusement. Imaginez si tout le monde pouvait chanter ou jouer simplement en le souhaitant ! Alors la musique serait si commune et le talent de tous tellement qu'elle cesserait de nous donner de la joie. Pourquoi? Parce qu'on l'a gagné par un souhait. Ce n'est pas suffisant. À partir de là, pouvons-nous apprendre à comprendre le grand secret de tout cela ? Je pense que nous pouvons. Voyons! Le secret est le suivant : la musique est une joie car elle nous sort de nous-mêmes et nous travaillons dur pour l'obtenir. La musique nous enseigne quel pouvoir merveilleux il y a en nous, si seulement nous nous efforçons de le faire ressortir. L'éducation est bonne pour nous pour la même raison. Au fur et à mesure que vous en apprendrez davantage sur les mots, vous en verrez davantage dans cette éducation aux mots.

Cela signifie faire ressortir *ce qui est en nous* . Faire sortir la musique du cœur devient alors l'objet de vos leçons. On ne peut pas vous introduire de la musique ; il faut le faire sortir.

Où chercherons-nous la musique pour qu'elle puisse être diffusée ? Seulement dans le coeur. C'est là que tout est en chacun de nous. Mais souvent, dans nos cœurs, il y a tellement d'autre chose, tellement de vanité, d'amour-propre, de vanité, d'amour pour d'autres choses, que la musique est presque hors de portée. *Presque* , mais jamais entièrement. Au cœur de chacun se trouve la musique. Mais souvent, c'est profondément, au plus profond, recouvert par ces autres choses. Plus nous vieillissons et plus nous voyons et pensons à d'autres choses, plus la musique s'enfonce de plus en plus.

C'est comme un amas de pierres et de terre qui s'accroche à une source bouillonnante. La source est là-bas, bouillonnant librement sous tout cela, s'efforçant toujours d'être aussi libre et chantante qu'avant ; mais ce n'est pas possible. Les gens peuvent aller et venir, passer près d'elle et n'entendre aucun de ses sons ; ils ne soupçonneront peut-être jamais qu'une telle chose existe, prête à se poursuivre joyeusement si elle le pouvait.

Quel est le meilleur moment pour faire sortir l'eau de la source et la musique du cœur ? Avant que d'autres choses ne commencent à le couvrir. Avec la musique, le meilleur moment est dans les premiers jours, dans l'enfance, *dans les premiers jours* . Nous entendrons ces mots plusieurs fois. Puis peu à peu la source bouillonnante de la mélodie gagne son indépendance ; alors, même si d'autres choses entrent en jeu, ils ne peuvent pas enterrer la musique hors de vue. Le printemps s'est réveillé *et s'est renforcé* .

Les personnes réfléchies qui ont souffert en apprenant – tout le monde souffre en apprenant, les plus réfléchis étant le plus – se demandent comment elles peuvent rendre la tâche moins pénible pour les autres. Apprendre nous causera toujours du chagrin autant que de la joie, et beaucoup de gens passent leur vie à essayer d'avoir le moins de chagrin possible lors de l'apprentissage des jeunes. Lorsque de telles personnes sont vraies, bonnes, réfléchies et *dotées d'une bonté infinie* , elles sont des enseignants ; et les maîtres nous imposent des tâches sévères peut-être, mais avec une bienveillante sévérité. Ils nous étudient ainsi que la musique, et recherchent le travail que chacun de nous doit accomplir afin que nous puissions garder les sources du cœur pures et découvertes. De plus, ils trouvent le chemin par lequel nous dirigerons les eaux de vie qui jaillissent des sources du cœur. Ils trouvent le chemin vers lequel ils doivent circuler le mieux.

Souvent, en faisant ces choses, nous trouvons les leçons difficiles et fastidieuses, infiniment difficiles à supporter, difficiles et peu attrayantes. Nous nous demandons pourquoi toutes ces choses devraient être ainsi, et nous apprenons au moment où nous posons cette question que ces tâches douloureuses sont le prix que nous payons pour le développement de notre talent. C'est vraiment le but d'une leçon. Et la chère institutrice, sage parce qu'elle a elle-même parcouru un chemin pénible, sait combien il est bon et nécessaire pour nous de travailler selon ses directives.

Supposons que vous jouiez du piano. Il y aura deux types de leçons : une pour les doigts, une pour l'esprit. Mais en réalité, l'esprit guide aussi le travail des doigts ; et le cœur doit être en tout. Vos exercices vous donneront une plus grande puissance pour parler avec les doigts. Chaque nouvel exercice de doigt dans le jeu du piano est comme un nouveau mot dans le langage. Pourvu de cela, vous pouvez en dire plus qu'avant. Le travail pour l'esprit, ce sont les classiques. Ce sont des compositions de grands et petits maîtres avec lesquelles vous formez le goût, tandis que les exercices techniques sont fournis pour vous donner la puissance, la capacité de les jouer. Vous voyez ainsi à quel point ces deux choses vont bien ensemble.

Année après année, si vous persévérez patiemment, vous ajouterez à chacune de ces tâches ; plus de pouvoir viendra aux doigts et à l'esprit. Pendant tout ce temps, vous vous rapprocherez de plus en plus de la vraie musique. De plus en plus sortiront de votre cœur. Non seulement la source continuera à bouillonner clairement, mais elle deviendra plus puissante. Rien n'est si merveilleux que ça.

Savez-vous combien il était triste pour cet homme de ne pas augmenter le talent qui lui avait été donné ? [39] Peut-être en avez-vous aussi un. Alors trouvez-le, aimez-le, augmentez-le. Sachez que chaque étape du chemin, chaque tâche, chaque moment de foi est payé dix mille fois plus tard dans les années à venir.

Si maintenant nous nous souvenons de notre discours sur l'écoute, cela nous servira. N'avons-nous pas dit alors que le premier devoir de celui qui écoute est envers celui qui parle pour son bien ? L'heure des cours est une opportunité parmi toutes les autres où nous devrions écouter avec amour dans notre attention. Oui, rien de moins que cela, car – combien de fois nous l'avons déjà entendu – mettre de l'amour dans quelque chose, c'est y mettre du cœur, et avec moins de cela, on n'obtient pas tout ce que l'on peut avoir.

Cet exposé est donc important, car il rassemble de nombreuses choses qui ont été faites auparavant et fait allusion à certaines choses à venir. Donnons le dernier mot pour en parler. Une leçon suggère d'écouter ; l'écoute suggère le professeur, qui nous guide avec une gentillesse et une sévérité infinies ; et le professeur suggère le beau chemin que nous parcourons et ce que nous entendons en voyageant, c'est la musique du cœur ; et la musique du cœur contient les sons qui nous entourent, ainsi que les maîtres, plus ou moins grands, qui les ont conçus sous de belles formes. Les maîtres sont comme des serviteurs à qui on donne à l'un un talent, à l'autre deux, quatre et plus, mais à chacun selon sa valeur, pour être guidé et employé dans la vérité et l'honneur ; augmenté par chacun selon ses forces.

CHAPITRE XI.

LA LUMIÈRE SUR LE CHEMIN.

"Recherchons le service et aidons-nous les uns les autres."

"Maître," dit le petit enfant, "je suis malheureux. Même si j'ai des compagnons et des jeux, ils ne me contentent pas. Même la musique que j'aime par-dessus tout n'est pas vraiment dans mon cœur; ce n'est pas non plus le plaisir de moi ce que cela devrait être. Que dois-je faire ?

Et le maître répondit :

"Il y a une tâche, la plus grande et la plus sévère de toutes. Mais un enfant doit l'apprendre. Tu dois savoir *dès les premiers jours* , que tout ce que tu fais et dis, où tu vas , ce que tu cherches ; ceux-ci, tout cela, viennent de à l'intérieur. Tout ce qui est vu de toi concerne ta vie intérieure. Toutes tes actions, tes allées et venues, tes voies et tes désirs, tout cela vient de l'intérieur et quand toutes ces choses *sont pour toi,* il y a de la misère.

"Or, il y a beaucoup de choses qu'on ne peut pas obtenir en les recherchant directement ; parmi celles-ci, les plus grandes sont deux. L'une est ce qui t'a déjà donné de la tristesse dans le cœur, — la Lumière du Visage. Et l'autre est le bonheur.

"Mais il y a un moyen de les trouver. Ne sais-tu pas que souvent, même avec beaucoup de peine, tu ne peux pas te plaire à toi-même ? Mais toujours, *avec peu de peine ou sans aucune peine* , tu peux plaire à autrui.

"Et la voie est le Service.

"Toi, pauvre petit ! Tu es venu avec ta plainte de malheur ; et pourtant tu as tout ce qui est brillant et rare : des compagnons, et de la musique, et une maison chère. Sais -tu qu'il y a dans le monde d'innombrables pauvres, enfants Comme toi, qui n'a pas leur pain quotidien ? Et pourtant, nombreux sont ceux qui ne manquent pas de dire : « Ne nous induis pas en tentation. Et ils disent cela *sans avoir goûté* au pain quotidien pour lequel on leur a appris à prier.

"Et toi ? Tu es malheureux. Et ton pain quotidien est servi devant toi avec de la musique et du soleil.

" Pourtant, il y a des petits, comme toi, qui ont faim dans l'obscurité.

"Et toi ? Tu es malheureux."

CHAPITRE XII.

LES PLUS GRANDS MAÎTRES.

"Malgré tout, je n'ai jamais interrompu l'étude de la musique." — *Palestrine.*

Un auteur d'opéra italien, Giovanni Pacini, a dit un jour qu'étudier les écrits de Mozart, Haydn et Beethoven « allège l'esprit de l'étudiant, puisque les classiques sont un développement continu des mélodies les plus belles et les plus simples » et nous on entend parfois dire que les grands hommes sont ceux qui osent être simples. Jusqu'à présent, dans nos discussions, nous avons appris un fait important : la musique est une vérité exprimée hors du cœur. Bien sûr, nous savons que pour être dans le cœur, il faut le ressentir, et pour s'exprimer, il faut beaucoup de connaissances en écriture. Nous pouvons désormais très bien imaginer ce qu'est un grand maître en musique. Comme le dit Pacini, ses mélodies seront simples et belles, et comme nous le savons nous-mêmes, ses mélodies simples seront une expression de la vérité venant du cœur.

Mais aller aussi loin ne suffirait pas. Beaucoup peuvent écrire simplement, bien et honnêtement, mais pas comme un maître. Il doit y avoir autre chose. Quand nous aurons découvert ce qu'est cette autre chose, nous comprendrons mieux les maîtres et les honorerons davantage.

Partout dans l'histoire de la musique, nous lisons ce que les hommes ont été prêts à faire par amour de leur art. Ce n'est pas qu'ils aient été disposés à le faire lorsqu'on leur a demandé ; mais qu'ils ont accompli avec joie des tâches pénibles et laborieuses de leur propre gré. Le nom de chaque maître rappellera un grand travail volontairement donné pour la musique et des souffrances tout aussi grandes volontairement endurées, voire même recherchées, afin que la musique soit plus pure pour eux. La pauvre Palestrina a vécu de nombreuses années avec les moyens les plus modestes. Mais, comme il le dit, « malgré tout, je n'ai jamais interrompu l'étude de la musique ». Bach était un citoyen aussi simple et loyal que n'importe quel pays pouvait l'être, et depuis ses premières années où il était orphelin de père jusqu'aux jours de sa triste affliction, il a toujours fait des sacrifices. Pensez aux kilomètres qu'il a parcourus pour entendre Buxterhude , l'organiste ; et dans les premières années, lorsqu'il vivait avec Johann Christopher, son frère, avec quel enthousiasme il cherchait à apprendre l'art qui le fascinait tant. C'était une volonté constante d'apprendre honnêtement qui le distinguait.

Celui d'entre nous qui travaille fidèlement avec les talents dont il dispose peut faire beaucoup, plus que nous ne le croyons. Même Bach lui-même disait à un élève : « Si tu es *aussi* diligent, tu réussiras comme moi. »[40] Il reconnaissait que peu importe à quel point nous souhaitons que les choses soient telles que nous les voulons ; à moins que nos souhaits ne soient forcés à agir rapidement, nous ne pouvons pas réussir ; car si toutes les pensées recherchent l'action, les pensées de souhait exigent le plus de travail.

Il serait agréable de parler de chacun des grands maîtres pour voir de quelle manière particulière chacun d'eux s'est sacrifié pour l'art qu'il aimait. Dans chacun d'eux, les vraies qualités ressortent : chez l'un, comme le sérieux ; dans un autre comme détermination ; dans un autre, le patriotisme ; mais tous sont fidèles à l'art lui-même. Ce doit être une leçon très claire pour nous de voir que lorsque les hommes sont disposés à consacrer toutes leurs pensées à un sujet , ils en retirent beaucoup. Et n'est-il pas aussi évident de voir que personne ne peut obtenir grand-chose s'il n'y consacre que quelques minutes à contrecœur ? J'espère qu'aucun de ceux qui entendront ces conférences ne pensera un jour qu'en accordant un peu de temps à leur musique, et cela non gratuitement, ils pourront en tirer du plaisir ou du réconfort. Ils ne le pourront jamais. Et plutôt que de le faire, ils feraient mieux de ne pas le faire. Si nous nous mettons en route pour aller chez les maîtres, nous n'y arriverons que par le sérieux. Le retard est une honte pour celui qui voyage et pour celui vers qui nous allons. Cela montre sa paresse d'un côté, et son incompréhension du maître de l'autre ; car s'il comprenait, il ne ferait aucun pas indifférent.

Nous avons répété à maintes reprises que la vraie musique vient du cœur et est simple. En même temps , nous avons du mal à comprendre la musique des maîtres. Autrement dit, certains d'entre nous le trouvent. Cela nous semble tout sauf simple ; et naturellement nous concluons qu'il y a quelque chose qui ne va pas quelque part. Nous sommes assis à nos tâches, penchés sur la musique, et nous nous décourageons parce que nous ne pouvons pas la jouer. Il est naturel de penser que c'est une tâche très difficile, et nous ne pouvons pas supporter d'entendre de tels tons. Eh bien, ne nous décourageons pas pour cela ; Voyons!

Tout d'abord, le jeu est plus difficile à faire que la musique à comprendre. Autrefois, un grand maître du piano jouait devant une dame qui n'avait jamais entendu un grand maître auparavant, et le jeu était comme une belle dentelle. Quand ce fut fini et que le maître fut parti, quelqu'un demanda à la dame comment il avait joué, et elle dit :

"Il jouait pour que la musique sonne comme je le pensais."

Et ils lui ont demandé ce qu'elle voulait dire.

"On m'a toujours appris", dit-elle, "à écouter de la musique et à la penser. On m'a appris cela plus qu'à jouer. Et la musique des maîtres-compositeurs, je la considère toujours comme belle et simple mais difficile de le faire sonner comme il se doit. J'ai souvent entendu d'autres dire que la musique des maîtres est terne et pas belle, mais ce n'est vraiment pas ce que ressentent les gens. Il leur est difficile de jouer la musique correctement. ... Et encore une fois, ils ne peuvent pas comprendre ceci : que l'art est souvent simple dans sa vérité, alors que ceux qui le regardent ne sont pas simples, comme ils le considèrent. C'est difficile à comprendre, mais c'est la vraie raison.

Maintenant, si nous pensons à ce que cette dame cultivée a dit, nous la penserons sage. Quels que soient les trébuchements que nous puissions faire avec nos doigts, gardons toujours à l'esprit la pureté de la musique elle-même. Cela nous apprendra, dans un sens, à considérer avec révérence les hommes qui, dès leur plus jeune âge, ont ajouté des beautés à l'art pour que nous puissions en jouir aujourd'hui. Le plus sage des Grecs [41] disait :

"Les trésors des sages d'autrefois, qu'ils ont laissés écrits dans des livres, je les feuillette et les parcoure en compagnie de mes amis, et si nous y trouvons quelque chose de bon, nous le remarquons et pensons que c'est un grand gain, si nous devenons ainsi plus attirés les uns par les autres."

dame anglaise écrivait un jour à propos d'un écrivain : « Aucun poète n'a jamais mis si peu d'idées dans autant de mots. » Juste en face se trouve un vrai poète, celui qui habille en peu de mots de nombreuses et nobles idées. Un maître raconte son message dans un langage proche.

Maintenant, dans les dernières minutes, voyons ce qu'est un grand maître :

I. Il sera celui qui racontera simplement un beau message.

II. Il est prêt à se sacrifier et à souffrir pour son art.

III. Il a vécu son quotidien dans le simple désir de mieux connaître son propre cœur.

IV. Il a toujours concentré son message sur le moins de tons possible, et sa musique devient donc pleine de sens.

À propos du sens des maîtres, l'un d'eux a écrit ceci : « Chaque fois que vous ouvrez la musique de Bach, de Mozart ou de Beethoven, son sens vous apparaît de mille manières différentes. » C'est parce que des milliers de messages différents venus du cœur y ont été *concentrés* .

CHAPITRE XIII.

LES PETITS MAÎTRES.

« Et une âme d'enfant revint en lui. » — *I Rois, XVII : 22.*

Si un jour quelqu'un vous disait avec sérieux : "Eh bien, la journée est à vous !" vous ne sauriez à peine quoi en penser. Vous comprendriez immédiatement que la personne connaissait les mots mais ne pouvait pas les assembler correctement. Et si la personne continue à vous parler de cette manière, vous pourriez avoir tendance à perdre patience et à ne pas l'écouter. Mais si vous vous arrêtiez, réfléchissiez et vous examiniez vous-même, vous apprendriez quelque chose qui mérite réflexion.

Vous découvrirez que votre propre capacité à mettre les mots dans le bon ordre vient de votre obéissance. Tout d'abord, vous avez accepté d'imiter ce que disaient les autres jusqu'à ce que vous appreniez ainsi à bien parler. En outre, vous avez été corrigé à maintes reprises par votre entourage à la maison et à l'école, jusqu'à ce que le langage devienne enfin une habitude prudente en vous. Tout le monde comprend immédiatement ce que vous voulez dire. Vous voyez donc que vous pouvez combiner les mots de telle manière que vous serez facilement compris des autres ; ou bien, comme dans le cas de la personne imaginaire avec laquelle nous avons commencé, ils peuvent être combinés d'une manière parfaitement insensée. Par conséquent, il ne suffit pas de connaître les mots, il faut savoir quoi en faire. Le véritable art d'utiliser les mots est de donner un sens complet et clair à quelques-uns d'entre eux ; dire autant de choses que possible avec aussi peu de mots que vous pouvez sélectionner.

Les tons peuvent être traités de la même manière que les mots. On peut écrire des tons de manière à dire une chose aussi insensée que « Eh bien, bonne journée ! » Beaucoup le font . Cela vous enseigne que les phrases-ton vraies et simples, comme les phrases-mots similaires, doivent avoir pour objet de dire le sens le plus complet et le plus clair dans le moins d'espace possible.

Pendant des centaines d'années, des compositeurs réfléchis ont étudié ce sujet. Ils ont essayé par tous les moyens de découvrir les secrets qui sous-tendent l'écriture tonale afin que le sens ultime ressorte lorsqu'ils sont unis. Les sons ainsi disposés selon les lois de l'écriture musicale prennent tout leur sens. Pour apprendre cet art, tous les grands compositeurs l'ont étudié inlassablement. Ils ont reconnu la difficulté de donner beaucoup de sens dans peu d'espace, et pour acquérir cette capacité, ils n'ont trouvé aucun travail trop pénible.

Nous devons nous rappeler qu'il n'existe aucune fin de musique au monde qui n'ait été écrite par les quelques hommes que nous appelons habituellement les grands compositeurs. Peut-être serez-vous intéressé de connaître ces œuvres. Beaucoup d'entre eux sont vraiment bons – vos pièces préférées, sans aucun doute. Quand on y pense, c'est avec les compositeurs comme avec les arbres de la forêt. Grands et petits, forts et faibles, grandissent ensemble pour les nombreux objectifs pour lesquels ils ont été créés. Ils ne pouvaient pas tous être grands ou petits. Il doit y en avoir de nombreuses sortes ; alors les jeunes, avec le temps, remplacent les vieux, et les forts survivent aux faibles. Ensemble, sous le même ciel, profondément enracinés dans une terre belle et généreuse, ils poussent côte à côte. Le même soleil brille sur eux tous, le même vent et la même pluie viennent sur eux, ne sélectionnant personne avant l'autre. Que font-ils tous ? Chacun vit sa vraie vie, comme il peut. Il est vrai qu'ils ne vont pas et ne viennent pas, ils ne choisissent pas, mais en les voyant, beaux dans leurs feuilles et leurs branches, nous ressentons le bon but pour lequel ils vivent et, peut-être inconsciemment, nous les aimons.

Chez nous, c'est tout à fait pareil. Certains sont plus habiles que d'autres. Mais que nos compétences soient grandes ou petites, nous ne les utilisons réellement que lorsque nous les avons consacrées à un objectif louable. Et comme chez nous, il en va de même pour les musiciens. Il y a les grands et les petits. Les grands, les leaders de la pensée, nous les appelons les grands maîtres. Les petits sont des hommes sérieux, qui n'ont pas autant de pouvoir que les maîtres, mais qui sont fidèles dans les petites choses.

Ils chantent des chansons moindres, il est vrai, mais non moins belles. Souvent, ces petits pensent davantage que nous. Ils pensent simplement et aux choses que nous avons souvent en tête. Ce sont de telles pensées que nous avons dans nos meilleurs moments et que nous aimons tant quand nous les voyons bien exprimées par quelqu'un qui est bon et délicat écrivain, soit dans le ton, soit dans les mots. Nous comprenons particulièrement bien ces pensées dans les premières années de notre musique, lorsque presque toutes les œuvres des plus grands compositeurs sont au-dessus de nous.

Ainsi, les nombreux compositeurs (qui ne sont pas encore de grands maîtres) nous sont précieux parce qu'ils écrivent bien une sorte de pensée pure et pleine de sens, et que nous pouvons comprendre. Ils nous procurent un vrai plaisir jour après jour au début et semblent en même temps nous aider à progresser vers la capacité de comprendre les grands maîtres. Ils le font en entraînant notre pensée dans la bonne direction.

Or, nous savons que la meilleure musique qu'un jeune musicien puisse apprendre dans ses premiers jours est celle des petits maîtres du son, ainsi que les morceaux plus simples des grands compositeurs qu'il est en son pouvoir de comprendre - au pouvoir de l'enfant. mains et voix. Voyons, encore une fois, si ce n'est pas clair :

Les vrais compositeurs, grands et petits, chantent avec leur cœur. Si quelqu'un ayant un peu de talent le détourne indignement du bon et véritable travail qu'il pourrait accomplir, alors il n'utilise pas correctement son seul talent. Il ne nous donne pas le ton de la vraie pensée. Il écrit par vanité ou dans un but bas, et n'est pas un moindre maître, mais il est faux.

Ce n'est pas notre droit de jouer à quoi que ce soit. Nous ne pouvons à juste titre jouer que ce qui est plein de bonnes pensées, comme nous pouvons le comprendre en notre pouvoir. C'est précisément pour nous fournir cela qu'écrivent les petits maîtres. Dans des images simples, mais claires et belles, ils nous révèlent de nombreux secrets du monde du ton dans lequel nous serons un jour accueillis par les plus grands si nous sommes fidèles aux plus petits.

CHAPITRE XIV.

HARMONIE ET CONTREPOINT.

"Pendant que j'étais à Florence, j'ai fait de mon mieux pour apprendre les manières exquises de Michel-Ange et je ne l'ai jamais perdu de vue."
- *Benvenuto Cellini.* [43]

Sur tout sujet musical important, Schumann a quelque chose à dire. Donc avec ça :

"Apprenez tôt les principes fondamentaux de l'harmonie." "N'ayez pas peur des mots théorie, basse approfondie, etc., ils vous rencontreront en amis si vous les rencontrez ainsi."

Nous commençons maintenant à sentir à quel point ces règles traitent tout. Ils sélectionnent les sujets importants et disent la vérité la plus simple à leur sujet. La signification de ces deux règles est la suivante : dès le début, nous devons essayer de comprendre la grammaire de la musique. Certains des grands compositeurs pouvaient, dans leur enfance, écrire de la musique avec la plus grande aisance. Haendel, dès son enfance, écrivait une nouvelle composition religieuse pour chaque dimanche. Mozart a commencé à écrire de la musique quand il avait moins de cinq ans et, dès son plus jeune âge, à Rome, il a écrit une composition[44] chantée par le chœur de la Chapelle Sixtine et interdite au public.

L'harmonie et le contrepoint sont à la musique tout comme l'orthographe et la grammaire sont à la langue. Ce sont les fondements d'une bonne écriture et d'une bonne pensée, c'est-à-dire correcte, en musique. L'harmonie est l'art d'assembler les sons pour former correctement des accords. Le contrepoint consiste à composer et à assembler des mélodies simples. Un auteur moderne [45] sur le contrepoint a dit : « L'essence du véritable contrepoint réside dans l'intérêt égal qui doit appartenir à chaque partie. » En examinant quelques morceaux de bon contrepoint , vous comprendrez facilement ce que cela signifie. Le compositeur n'a pas cherché simplement à obtenir une succession d'accords correcte, comme on en trouve dans un chœur. Jouons une chorale ; n'importe quel bon maître allemand fera l'affaire.[46] On remarque que la soprano est la partie principale, et que les autres voix, quoique quelque peu mélodiques, tendent plutôt à soutenir et suivre la mélodie qu'à être indépendantes. Si maintenant nous jouons un morceau de contrepoint comme le Prélude en sol mineur de Bach[47], nous aurons un assez bon contrepoint, en ce qui concerne la combinaison de mélodies séparées. Jouons les parties vocales séparément. On retrouvera chez chacun un intérêt mélodique égal. Les accords naissent de la musique. En comparant cela avec le chœur, la principale différence entre l'harmonie et le contrepoint devrait nous apparaître clairement. Nous observerons que les trois voix ne procèdent *pas* de la même manière. Si une partie bouge rapidement, comme dans la basse des deux premières mesures, les autres parties sont plus silencieuses ; si la basse cesse de se déplacer rapidement, une autre voix reprendra le mouvement, comme nous le voyons dans la troisième mesure et les suivantes. En règle générale, dans l'écriture contrapuntique, il n'y a pas deux voix qui se déplacent de la même manière, chaque partie vocale étant contrastée avec des valeurs de note différentes. Cela donne plus d'intérêt et permet à chaque voix de s'exprimer indépendamment.

Au premier abord, la musique contrapuntique peut ne pas nous paraître intéressante. S'il en est ainsi, c'est parce que nous ne sommes pas du tout conscients du merveilleux intérêt qui a été mis dans chaque partie. La vérité est qu'au début nous ne pouvons pas comprendre pleinement la pensée qui a été mise dans la musique, mais avec de la persévérance, elle nous parviendra petit à petit. C'est ce qui fait que la bonne musique perdure. Il est si habilement réalisé, mais si délicatement, qu'il faut aller patiemment à sa recherche. Nous devons nous rappeler que les pierres précieuses doivent être taillées et polies à partir d'un morceau de roche.

Dans ce cas, la gemme est la riche image mentale qui nous vient si nous recherchons fidèlement la pensée sous-jacente. Et la recherche consiste à polir la pierre précieuse.

La musique écrite entièrement selon les règles du contrepoint est appelée musique contrapuntique ; celle qui est écrite autrement est connue sous le nom de musique harmonique libre. Dans un cas, le compositeur souhaitait avoir un beau tissage des parties, clair comme les lignes d'une gravure au trait. Dans l'autre, l'intention est d'obtenir des effets de tons unis en accords, comme on obtient des masses de couleurs dans un tableau. Aucune des deux formes ne peut être considérée comme supérieure à l'autre. Chacun a de la valeur à sa place, et chacun a des possibilités qui lui sont propres, que l'autre ne pourrait pas offrir. Le contrepoint pur ne saurait nous donner un effet aussi charmant que celui qu'obtient Chopin dans la première étude de l'opus 10 ; le style harmonique plus simple et plus libre ne pourrait pas non plus nous donner des morceaux d'entrelacs aussi délicats que ceux de Bach dans ses fugues.

Si maintenant vous prenez la peine d'apprendre deux longs mots, plus tard dans votre étude de la musique, ils vous seront utiles. Le premier est polyphonique ; l'autre est monophonique. Les deux, comme beaucoup d'autres mots de notre langue, sont composés de deux mots plus courts et proviennent d'une autre langue : le grec. Dans les deux cas, nous avons « phonique », signifiant évidemment le même dans chaque cas, limité ou modifié par la partie précédente – *poly* et *mono* . Phonic est le grec anglicisé pour *son* . Nous l'utilisons dans le mot anglais *telephonic* . Maintenant, si nous définissons mono et poly, nous comprendrons ces deux longs mots.

Mono signifie un, poly signifie plusieurs. Nous disons _ mono_tone , ce qui signifie un ton ; aussi _ poly_gon , ce qui signifie plusieurs côtés.

Dans la référence musicale, la musique monophonique signifie la musique à une voix plutôt que la musique à un ton, et la musique polyphonique est celle *à plusieurs voix* . Les mélodies simples avec ou sans accords d'accompagnement sont monophoniques ; de nombreuses mélodies tissées ensemble, comme dans la pièce de Bach que nous avons examinée, sont polyphoniques.

Dans l'histoire de la musique, deux hommes ont surpassé tous les autres dans ce qu'ils ont accompli en contrepoint, c'est-à-dire en écriture polyphonique. L'un était Palestrina, un Italien ; l'autre était Bach, un Allemand. Palestrina vivait à une époque où la musique de l'église était très pauvre, si pauvre même que le clergé ne pouvait plus la supporter. Palestrina, cependant, se consacra sérieusement à la composition de musique strictement adaptée à l'usage de l'église. Les parties étaient toutes mélodiques et tissées ensemble avec une telle habileté qu'elles restent encore des chefs-d'œuvre de l'écriture contrapuntique. Plus tard, Bach a développé le contrepoint de manière beaucoup plus moderne. Il a fait avec la polyphonie pour le piano et l'orgue à peu près la même chose que Palestrina pour la voix. Il n'y a jamais eu de plus grands maîtres que ceux-là dans l'art de la musique polyphonique.

Il existe encore une autre forme d'écriture qui n'est ni strictement harmonique, ni strictement contrapuntique, c'est une combinaison des deux. Il n'y a pas la progression harmonique simple et sans fioritures comme dans le simple chœur, ni la stricte progression vocale comme dans les œuvres de Bach. Cette forme d'écriture qui participe des beautés des deux autres a été appelée le style harmonique libre. Elle a été suivie par tous les grands maîtres depuis Bach[48], voire même avant. Si vous pouvez imaginer une belle mélodie de chanson avec un accompagnement artistique, arrangée de telle sorte que le tout puisse être joué au piano, vous comprendrez ce qu'est le troisième style. C'est merveilleusement gratuit, sûrement ; parfois en accords entièrement libres, comme dans les premières mesures de la Sonate en si bémol de Beethoven[49], encore une fois fuyant toute liberté pour revenir au style ancien, jusqu'à ce que le tableau paraisse aussi vieux qu'un costume monacal parmi un costume moderne.

Toutes les grandes sonates et symphonies sont issues de cette forme d'écriture merveilleusement variée. Comme vous le savez grâce aux Chansons sans paroles de Mendelssohn et aux Nocturnes de Chopin, il peut être plein d'expressivité ; comme on entend plein d'humour vacillant dans le

Scherzo d'une symphonie de Beethoven ; comme on se sent plein de profonde solennité et de douleur dans les marches funèbres.[50]

Cette école de composition a été suivie par les grands et les petits maîtres. Chaque partie est faite pour dire quelque chose de la manière la plus naturelle et la plus intéressante possible, sans être ni trop restreinte ni trop libre. Alors, en jouant, les deux mains doivent être également intelligentes, car chacune se voit attribuer un rôle important.

Le grand bien de l'étude de l'harmonie et du contrepoint est qu'elle accroît l'appréciation. Dès que nous commençons à comprendre l'esprit d'une bonne écriture, nous commençons à mieux jouer, *car nous voyons plus* . Nous commençons, peut-être dans une certaine mesure, à devenir de véritables penseurs musicaux. Par tous ces moyens, nous apprenons à comprendre de mieux en mieux ce qu'est la véritable écriture. Il nous apparaîtra clairement qu'un compositeur est celui qui a des pensées pures par le ton, et non celui qui tisse des tromperies.

CHAPITRE XV.

MUSIQUE ET LECTURE.

"En vérité, on l'a dit, un cœur aimant est le début de toute connaissance." - *Thomas Carlyle*.

Une belle chose dans la vie, c'est l'amitié pour les livres. Tous ceux qui aiment les livres leur rendent un jour un hommage, exprimant leur gratitude pour la joie et le réconfort qu'ils leur ont apportés. Il y a en eux, pour tous ceux qui veulent chercher, des paroles sages, de bons conseils, des compagnies de grands personnages, des fées, des amis pour chaque jour, en plus des merveilles que nous ne voyons ni ne rêvons jamais dans la vie quotidienne.

Certains grands hommes nous ont fait part de leur amour pour les livres ; comment ils ont économisé petit à petit un centime pour en acheter un, ou comment, après une journée de travail, un bon livre et la lueur du feu étaient plus appréciés que toute autre chose. Tous nous disent combien ils doivent aux livres et quelle bénédiction les livres sont. Imaginez le nombre de pensées sincères qu'il doit y avoir dans une étagère pleine de bons livres ! Les pensées en tons ou les pensées en mots peuvent être du cœur ou non. Mais ce n'est que lorsqu'ils ont du cœur qu'ils sont dignes de notre époque.

Non seulement vous aimerez les livres, mais vous en tirerez également quelque chose des pensées qu'ils contiennent. Nous pourrions, si nous en avions le temps, parler de livres classiques, mais comme nous avons déjà parlé de musique classique , nous savons quel est l'essentiel. C'est que la bonne pensée, venant du cœur, soit exprimée d'une manière savante : « Une grande pensée a besoin d'une grande expression. »[51] Cela nous enseigne la nécessité de choisir de bons livres pour notre instruction et pour notre divertissement. Ils nous présentent de belles images avec vérité, ou ils nous présentent la vérité de façon magnifique. Et c'est là le premier test d'une pensée écrite : sa vérité et sa beauté.

Si vous lisez de bons livres, vous obtiendrez dans chaque volume quelque chose qui vaut la peine d'être possédé. Vous devez lui accorder autant de soins que vous souhaiteriez qu'un autre bon ami en reçoive. Et s'il vous a apporté de l'aide ou du plaisir, il vaut sûrement la peine d'y séjourner. Un bon livre nous procurera un grand plaisir, même après en avoir fini avec lui. Comme nous le voyons des années après sa lecture, le souvenir de tous les plaisirs anciens nous revient, et avec lui un sentiment de gratitude pour une amitié si agréable. Par conséquent, tout livre qui nous a apporté de la joie, de la paix ou du réconfort mérite non seulement de bons soins, mais aussi une place *pour toujours* ; comme un bien digne de ce nom.

Au début de vos études musicales, ce sera un plaisir pour vous de savoir qu'il existe de nombreux et délicieux livres *sur* la musique écrits, tantôt par des mélomanes, tantôt par des compositeurs. Les pensées écrites des compositeurs sont souvent pleines d'un grand intérêt. Non seulement ils nous révèlent de nombreux secrets de l'art sonore, mais ils nous apprennent beaucoup sur le genre de choses et de pensées qui vivaient dans l'esprit des compositeurs. Nous apprenons non seulement les intérêts musicaux des compositeurs, mais aussi leurs intérêts vitaux. Il semble vraiment que nous regardions dans leurs maisons, que nous voyions comment ils vivaient et travaillaient et que nous écoutions leurs paroles. Jamais ensuite nous ne considérerons les grands noms de la musique comme inintéressants. Les images les plus charmantes et les plus attrayantes les entourent et tout cela nous donne une nouvelle inspiration pour être fidèles à la musique, fidèles à la vérité de la musique, prêts à faire ce que nous voyons d'autres faire et à apprendre par la pratique. La leçon que nous tirons de la vie de chaque homme est qu'il doit *faire* s'il veut apprendre.

Je suis sûr que vous passerez de nombreuses minutes délicieuses avec les Lettres d'un grand compositeur. Chacun est comme une conversation avec l'écrivain. Ils sont si amicaux et si pleins de cœur, et pourtant si remplis de l'homme lui-même. Les Lettres de Mendelssohn et Schumann vous plairont particulièrement. En vérité, les Lettres de tous les compositeurs comptent parmi les écrits musicaux les plus précieux dont nous disposons. D'une certaine manière, ils semblent expliquer la musique elle-même : et le compositeur devient immédiatement un ami proche. Mais à côté de cela, lisez les biographies. C'est alors comme si nous étions personnellement invités chez le compositeur et qu'on nous montrait toutes ses voies et sa vie. Et à côté de cela, il existe quelques livres amicaux pleins des meilleurs conseils pour faire de nous des musiciens réfléchis ; Nombreux sont encore les écrivains qui ont tant aimé l'art, non seulement l'art du ton, mais aussi tous les autres arts, qu'ils nous en ont parlé dans de bons et sérieux livres qui sont amicaux, parce qu'ils sont écrits du bon sens. lieu; et ce que vous devez savoir à ce moment-là, c'est le cœur.

Vous verrez bientôt en lisant sur les compositeurs que la vraie musique naît de la vraie vie. Alors vous commencerez à aimer la vraie vie, à être utile et à aider les autres. Mais toutes ces choses n'arrivent pas en même temps. Pourtant, au fur et à mesure que nous avançons, nous apprenons que l'art est altruiste et que nous devons l'être pour en profiter ; l'art est vrai, il faut l'être pour l'exprimer ; l'art est plein de vie – nous devons connaître et vivre la vérité pour l'apprécier. Et l'étude des pensées pures dans la musique, dans les livres et dans notre propre vie contribuera à tout cela.

CHAPITRE XVI.

LES MAINS.

"L'habileté de leurs mains persiste encore." - *John Ruskin.* [52]

Dans l'un de nos discours, parlant des pensées dans nos cœurs, nous avons dit qu'elles se glissaient du cœur dans nos bras et nos mains, dans la musique que nous jouons, et s'en allaient vers ceux qui nous entendaient, provoquant en eux les pensées par lesquelles ils jugez-nous. Nous voyons ainsi que, de même que Janus est la sentinelle à la porte de l'année, de même les mains se tiennent entre le monde secret de la pensée intérieure et le monde interrogateur de la curiosité extérieure.

Si nous n'étions pas aussi pressés d'habitude, nous pourrions penser que tout le monde, partout dans le monde, entraîne ses mains dans un but précis. Et une telle variété d'objectifs ! L'un s'efforce d'acquérir des compétences avec des outils, un autre est un prestidigitateur, un autre passe sa vie parmi des plantes belles et délicates, un autre lit avec ses doigts.[53] Dans l'une ou l'autre de ces innombrables façons d'utiliser les mains, personne ne peut vraiment être considéré comme ayant de l'habileté tant que la délicatesse n'a pas été acquise. Même dans un usage forcé des mains, la direction doit être extrêmement délicate. Vous pouvez facilement voir que lorsque les mains travaillent selon les ordres du cœur, elles doivent être toujours prêtes à rendre évident le sens du cœur, et cela s'exprime dans une véritable délicatesse. Non seulement tous les peuples du monde entraînent leurs mains, mais ils les entraînent, comme nous l'avons déjà dit, d'innombrables manières différentes.

Avez-vous déjà réfléchi à une autre question : que tout ce qui nous concerne, à l'exception des choses qui vivent, a été fabriqué à la main ? Et parmi les choses qui vivent, un grand nombre sont entretenues par les mains. Ces pensées nous suggéreront quelque chose. Ces choses qui sont bonnes et belles suggèrent un noble usage des mains ; tandis que ceux qui ne servent à rien, nuisibles et destructeurs, montrent un usage ignoble. Mais l'usage noble et ignoble des mains n'est qu'une autre preuve de la pensée. La pensée pure dans le cœur guide les mains vers de belles fins. Et si le cœur est impur dans ses pensées, vous savez bien sûr ce qui s'ensuit.

J'ai toujours été impressionné en lisant les livres de John Ruskin de constater combien de fois il parle des mains. En effet, il reconnaît très justement qu'au fond de tout travail manuel, il y a une pensée du cœur, un commandement, une direction, une construction en fait. Cela se voit partout. La construction d'un mur avec les pierres bien placées exige *de l'honneur*. Le constructeur peut être grossier, mais si ses mains placent fidèlement les pierres les unes sur les autres, il y a sûrement de l'honneur dans son cœur. S'il n'en était pas ainsi, ses mains ne pourraient pas travailler fidèlement.

Si le travail est plus fin, comme ce travail de l'or que beaucoup ont appris avec avidité autrefois, à Rome et à Florence, l'esprit doit cependant être le même. Donc nous voyons que, que le travail soit grossier ou fin, il est dans les deux cas motivé par le même genre de pensée du cœur.

À plusieurs reprises au cours de ces entretiens, je vous ai parlé des paroles de Ruskin ; pour deux raisons : d'abord, ses paroles sont toujours pleines de sens, parce qu'il était si plein de réflexion lorsqu'il les écrivait ; et deuxièmement, je voudrais que, dès les premiers jours, vous connaissiez quelque chose de lui et que vous l'élisiez à votre amitié. Souvent , il vous parlera avec des mots courts et grossiers, avec impatience aussi, mais peu importe, son cœur est chaud et plein de bien.

Maintenant, de ce qui a été dit il y a un instant à propos du travail de la pierre et du travail de l'or, nous pouvons comprendre ces mots :

"Aucune distinction n'existe entre l'artiste et l'artisan, sauf celle d'un génie supérieur ou d'une meilleure conduite."

Apprenez-en donc, quelle que soit l'œuvre de nos mains, sa première qualité et les premières choses pour lesquelles elle sera jugée sont son honneur, sa fidélité et sa sincérité.

En elles-mêmes, les mains sont absolument sans pouvoir. Ils ne peuvent pas bouger, ils ne peuvent pas faire de bonnes ou de mauvaises choses, ils ne peuvent rien faire tant que nous ne leur ordonnons pas. Et comment cela se fera-t-il ? Je peux sûrement comprendre si vous êtes un peu lassé de ce discours. Mais j'ai dit tout cela juste pour répondre à cette question, afin que vous la compreniez. Comment commande-t-on ? pas seulement les mains mais tout ce que nous faisons et disons ?

Par nos PENSÉES.

Sans eux, il n'y a aucun pouvoir. Tant qu'elles n'ont pas commandé, les mains ne peuvent faire un mouvement ; les pieds doivent avoir une direction ordonnée, la langue doit être invitée à parler, et sans l'ordre il n'y a rien.

Bien sûr, toutes ces discussions portent sur des pensées. Mais il nous faudra un peu de temps pour en parler particulièrement. Et peu à peu, nous comprendrons tous pourquoi les mains doivent agir de manière réfléchie. Or le mal du monde est causé par deux forces : la mauvaise pensée et l'irréflexion. Il n'est donc pas étonnant que Ruskin parle beaucoup des mains, car on pense que c'est elles qui les guident. Pouvez-vous vous étonner que lorsqu'il dit « les oisifs et les bruyants », il associe la « *main inutile* ». [54] Ces choses vont ensemble, et ensemble elles proviennent soit d'une mauvaise pensée, soit d'un manque de pensée. Au moment où Ruskin parle de quelqu'un qui utilise ses mains avec honneur, ses paroles brillent. Ainsi parle-t-il du travailleur, le décrivant comme « silencieux, serviable, honorable, gardant la foi, insensible au changement, à son pays et au ciel ».

Ainsi, lorsqu'on nous demande sincèrement de faire chaque jour quelque chose de digne avec nos mains, nous pouvons comprendre pourquoi. Je ne parle pas d'une chose digne, mais d'un acte particulièrement digne, spécialement pensé par nous. Faire cela quotidiennement avec prévoyance purifiera le cœur. Cela nous apprendra à consacrer nos mains à ce qui en vaut la peine. Alors une autre vieille vérité que tout le monde connaît nous apparaîtra clairement : « Comme un homme – ou un enfant, d'ailleurs – pense dans son cœur, *ainsi il est* . »

Petit à petit, les pensées de cet exposé deviendront claires pour vous. Vous vous sentirez plus amical envers eux. Alors vous commencerez vraiment à penser aux mains ; vos propres mains et celles de tout le monde. Vous deviendrez véridique, guidant les vôtres de manière réfléchie ; en regardant attentivement ceux des autres. Et vous constaterez que dans les plus petites tâches de vos mains, vous pouvez faire preuve de prévoyance, tandis que chaque usage auquel les gens mettent leurs mains vous apprendra quelque chose si vous observez attentivement. Il peut s'agir de plier un papier ou de ramasser une épingle, ou toute autre chose assez courante ; peu importe, les choses communes, comme toutes les autres, peuvent être faites correctement.

Par cette observation, nous verrons des mains exécuter toutes sortes de tours étranges. Les doigts tambourinent, s'agitent, virevoltent, se ferment, s'ouvrent, font une multitude de mouvements qui veulent dire quoi ? Rien, dites-vous ? Oh! non en effet; pas *rien* mais *quelque chose* . Les doigts et les mains qui effectuent tous ces mouvements inutiles ne sont pas commandés par les pensées et agissent comme le résultat d' *aucune* pensée ; c'est-à-dire d'inconscience. Tout le monde le fait, dites-vous ? Non, ce n'est pas vrai. Beaucoup font ces choses, mais ceux qui commandent leurs pensées ne le permettent jamais. Si nous ne bougions jamais nos mains sauf dans une tâche lorsque nous leur commandions, nous devions bientôt devenir habiles. Les mouvements inutiles dont j'ai parlé rendent la main inhabile . Ils défont les mouvements et nous enseignent que nous devons nous gouverner nous-mêmes si nous voulons devenir quelque chose. Savez-vous pourquoi les gens font de grandes choses ? Ils se commandent eux-mêmes. Ayant décidé de faire quelque chose, ils travaillent, travaillent et travaillent pour le terminer à tout prix. Cela donne de la force et du caractère.

Après avoir observé les mains et leurs fonctions, nous pouvons facilement voir le genre de tâche qu'elles doivent accomplir en musique. C'est exactement le même genre de tâche que de poser un mur de pierre. Chaque motion doit être faite honorablement. Tout doit être pensé dans l'esprit et le cœur avant que les mains ne soient appelées à agir. Les gens sages accomplissent toujours leurs tâches de cette façon. Les gens imprudents essaient l'autre voie, en agissant d'abord et en réfléchissant ensuite, et, bien sûr, ils échouent toujours. Vous pouvez maintenant comprendre qu'un grand pianiste est celui qui a une grande pensée pour commander ses mains. Et pour être sûr qu'ils obéiront immédiatement à ses ordres, il les fait obéir continuellement depuis des années. Cet apprentissage des mains à obéir s'appelle la Pratique.

L'artiste italien Giotto a dit un jour :

"Vous pouvez juger de ma maîtrise de l'artisanat en voyant que je peux dessiner un cercle de manière infaillible."

CHAPITRE XVII.

CE QUE LA DAME ROMAINE A DIT.

"Vous pouvez toujours réussir si vous le faites, mais si vous partez bien et si vous laissez les bonnes pensées et la pratique suivre la bonne méthode." - *Marc Aurèle.* [55]

Le même sage empereur romain qui a dit cela nous dit une très jolie chose à propos de sa mère, qui nous montre quelle femme sage elle devait être, et comment, aux jours de sa virilité, avec les soucis d'une grande nation sur lui, il mais j'ai réfléchi à l'enseignement du foyer pendant l'enfance. Il parle d'abord de son grand-père Verus, qui, par son exemple, lui a appris à ne pas être enclin à la colère ; puis de son père, l'empereur Antonin le Pieux, auprès duquel il apprit à être modeste et viril ; puis de sa mère, dont le nom était Domitia Calvilla . Lisons quelques-uns de ses propres mots à son sujet, en nous attardant particulièrement sur quelques-uns d'entre eux. Il écrit : « Quant à ma mère, elle m'a appris à avoir du respect pour la religion, à être généreux et ouvert, et non seulement à m'abstenir de faire du mal à qui que ce soit, *mais pas même à en supporter l'idée* . "

Ces paroles sont d'autant plus merveilleuses qu'elles n'ont pas été notées par un scribe dans les agréables appartements du palais royal de Rome, mais qu'elles ont été écrites par l' empereur lui-même sur le champ de bataille ; car cette partie de son livre célèbre est signée : « Écrit au pays des Quadi ».

Dans notre dernier entretien sur les mains, nous sommes arrivés à la conclusion que si les mains ne recevaient pas de commandement, elles ne pouvaient pas agir. Et en nous demandant ce qui donnait ces ordres, nous avons découvert que c'étaient les pensées. Beaucoup de gens croient qu'il est parfaitement sûr de penser n'importe quoi, même d'avoir de mauvaises pensées dans leur cœur, car les pensées étant cachées, disent-ils, ne peuvent pas être vues par les autres. Mais ce qui est étrange à propos de la pensée, c'est ceci : dès que nous avons une pensée, bonne ou mauvaise, elle s'efforce de sortir de nous et de devenir une action. Et cela réussit presque toujours. Pas tout de suite, peut-être, car des pensées comme les graines dorment souvent longtemps avant de prendre vie. Il nous apparaît donc très clairement que si nous voulons être en alerte, nous ne devons pas surveiller nos actions, mais regarder à l'intérieur et garder nos pensées ; car ce sont eux les ressorts de l'action.

Vous voyez maintenant, j'en suis sûr, combien la mère de l'empereur a été sage en apprenant à son fils à ne même pas *supporter* l'idée de faire du mal aux autres. Car la pensée deviendrait de plus en plus forte et deviendrait soudainement une action. Certainement; et donc la première chose à apprendre dans cet exposé, ce sont simplement ces mots :

Les pensées deviennent des actions.

C'est une chose importante. Dans peu de temps , vous verrez que si vous ne l'apprenez pas, vous ne pourrez jamais profiter de la musique, ni des belles choses, ni des journées elles-mêmes. Voyons comment cela se produira.

J'ai dit à ton professeur[56] le nom du livre qui a été écrit par l'enfant de la dame romaine. Eh bien, dans ce livre, qui le traverse comme un fil d'or, se trouve cet enseignement de sa mère.

Non seulement il y réfléchissait et l'écrivait sur le champ de bataille, mais à tout moment il semblait en tirer de plus en plus de sagesse. Et il nous raconte encore et encore cette même pensée avec des mots différents. Parfois, cela l'amène à dire des choses très drôles ; par exemple:

"Avez-vous du bon sens dans votre tête ? Oui. Pourquoi n'en faites-vous pas usage alors ? Car si cela fait son rôle, que pouvez-vous souhaiter de plus ?"[57] Puis, une très bonne pensée que l'on entend fréquemment :

"Vos manières dépendront beaucoup de ce que vous pensez fréquemment."[58] Il y en a beaucoup d'autres, mais ceux-ci nous montrent que le sens des paroles de sa mère était profond, enseignant qu'il ne faut pas garder l'action mais la pensée qui donne naissance à action. Or, quel peut être l'intérêt de parler de la dame romaine ? Voyons.

En musique, les sons sont émis soit par les mains, soit par la voix. Et donner le ton, c'est *faire* quelque chose. Faire quelque chose est une action, et l'action vient de la pensée. Aucune musique ne peut donc être créée sans la pensée. Et la bonne interprétation de la bonne musique doit provenir d'une bonne réflexion sur de bonnes pensées. Il se peut que vous entendiez quelqu'un dire qu'il n'est pas nécessaire d'avoir de bonnes pensées pour faire de la bonne musique. Ne le croyez jamais ! Une mauvaise pensée n'a jamais fait quelque chose de bon, et ne le fera *jamais* parce qu'elle ne le pourra jamais. Dès les premiers jours, vous devez apprendre que les bonnes choses de toutes sortes proviennent de bonnes pensées, car elles ne peuvent provenir de rien d'autre.

Voici donc la deuxième vérité de ce discours :

La bonne musique étant le fruit d'une bonne pensée, ne peut être jouée correctement que par celui qui a de bonnes pensées.

Cela nous amène à une autre question. Voyons d'abord si tout est clair. La vraie musique est écrite à partir d'une bonne pensée ; c'est pourquoi, lorsque nous commençons à étudier la musique, nous devenons réellement des élèves de bonne pensée. Nous apprenons les pensées des hommes bons, en essayant de ressentir leur vérité et leur signification, et grâce à elles, nous apprenons à avoir nos propres pensées non seulement bonnes, mais constamment de mieux en mieux. Cela semble désormais simple et nécessaire. Nous voyons que si nous voulons étudier fidèlement l'œuvre d'un compositeur, notre objectif principal doit être de pénétrer dans son cœur. Alors tout sera clair pour nous.

Mais nous ne pouvons jamais trouver notre chemin vers le cœur d'autrui tant que nous n'avons pas d'abord trouvé notre chemin ailleurs. Où, à votre avis ? À notre propre cœur, étant prêt à être sévère avec nous-mêmes ; ne pas être trompeur à nos propres yeux ; non pas pour garder l'acte extérieur, mais la pensée intérieure ; non pas étudier ni être ce qui *semble* , mais ce qui *est* .[59] Cela peut paraître une manière longue et détournée d'apprendre à jouer de la musique, mais c'est la manière honnête et directe d'aller vers les grands maîtres que nous souhaitons connaître.

Dans un des livres du général grec Xénophon[60], Socrate est amené à dire que les hommes ne font rien sans le feu ; et de la même manière, nous pouvons ne rien apprendre les uns des autres, surtout de ceux qui sont plus grands que nous, sans y réfléchir ; qui doit être pur, fort, curieux et gentil. Avec cela, nous pouvons tout faire.

Jusqu'à présent, nous avons deux principes. Passons-les en revue :

I. Les pensées deviennent des actions.

II. La bonne musique étant le fruit d'une bonne pensée, ne peut être jouée correctement que par celui qui a de bonnes pensées.

Or, n'est-il pas clair que cela ne peut se produire que lorsque nous veillons sur nos propres pensées et les gouvernons comme si elles étaient celles des autres ? Et lorsque nous *n'endurons* même pas la pensée du mal ou du mal, nous vivrons dans l'esprit de la dame romaine dont la vie du fils a été vécue selon l'enseignement de sa mère.

CHAPITRE XVIII.

LA GLOIRE DU JOUR.

" Ne vous inquiétez pas du lendemain. Faites votre devoir d'aujourd'hui, combattez la tentation d'aujourd'hui ; et ne vous affaiblissez pas et ne vous dérangez pas en attendant avec impatience des choses que vous ne pouvez pas voir et que vous ne pourriez pas comprendre si vous les voyiez. " - *Charles Kingsley.*

Nous avons presque tous entendu parler du petit enfant qui, un jour, a planté des graines et les a ensuite constamment déterrées pour voir si elles poussaient. L'enfant a sans aucun doute appris qu'une graine a besoin non seulement de terre et de soins, mais aussi de temps. Lorsqu'il est mis en terre, il commence à sentir sa place et à s'installer chez lui ; puis, si tout va bien, mais pas autrement, il envoie une petite radicelle comme s'il voulait dire qu'il a confiance et croit que la terre nourrira cette radicelle. Et si la terre est douce, la racine pousse et trouve un pied solide. En même temps, autre chose se produit. Lorsque la graine trouve qu'elle peut se fier à elle-même pour s'enraciner, elle n'a plus peur de se montrer. Il descend, descend doucement pour une *tenue plus ferme* , et remonte en ressentant le désir de lumière.

Une prise ferme et plus de lumière , on ne peut pas trop réfléchir à ce que cela signifie.

Chaque jour où la graine pousse ses feuilles tendres et sa tige vers le haut, elle a de plus en plus de choses à rencontrer. Les pluies l'ont abattu; les vents le plient jusqu'à la terre même d'où il est issu ; les feuilles et les mauvaises herbes l'enfouissent sous leur force et leur abondance, mais malgré toutes ces choses, face à la mort elle-même, la courageuse petite plante garde fermement sa place. Il grandit face au danger. Mais comment? Jour après jour, alors qu'elle se fraye un chemin dans l'air et le soleil, aussi bénie ou meurtrie soit-elle, la petite plante ne manque jamais de se maintenir sur une chose. Autrement dit, pour obtenir une prise de plus en plus ferme. A partir de là, il ne lâche jamais prise. Cassez ses feuilles et sa tige, écrasez-la comme vous voulez, arrêtez même sa croissance ascendante, mais tant qu'il y aura une étincelle de vie en elle, il y aura plus de racines. Il vise dès le premier instant de sa vie à s'implanter fortement.

Et il semble que la plante ait toujours un grand motif. Dès l'instant où il sent qu'il a fermement saisi la Terre-Mère avec ses racines, il consacre sa force à créer quelque chose de beau. Dans l'air et la lumière, dans la terre sombre même, chaque partie de la plante cherche les moyens de faire une chose merveilleuse. Il boit au soleil, et avec sa chaleur, *et pour la gloire de sa propre vie* , il s'épanouit. Elle est passée d'une petite graine sans défense à une plantule vivante avec la plus petite tige et la plus petite racine, et tandis que la tige se bat pour une place dans l'air, la racine ne cesse de s'emparer fortement de la chère terre dans laquelle la plante trouve sa maison. . Puis, lorsque la maison est solidement sécurisée et que les jours ont rendu la plante plus forte et plus belle , elle oublie tous les vents violents, la pluie et les feuilles qui dérivent, et montre combien il est joyeux de vivre *en donnant quelque chose* .

Il est alors clair que chaque épreuve avait son but. Les pluies l'abattaient, mais en même temps elles le nourrissaient ; les feuilles tombaient et le recouvraient, mais cela protégeait sa tendresse : et ainsi dans toutes les épreuves il trouve une bénédiction. Sa croissance est plus forte, et reconnaissant toute sa vie il cherche à exprimer cette gratitude. En son cœur, il y a quelque chose dont il est sûr. Et c'est vrai, il apparaît un jour dans une fleur avec sa couleur, sa tendresse et son parfum ; tout cela vient de la terre, mais tiré d'elle par l'amour que la plante éprouve pour la terre comme sa demeure.

On voit par là que la beauté d'une plante ou d'un arbre est un signe de sa relation avec la terre dans laquelle elle vit. Si son emprise est faible – s'il trouve difficilement une place pour une racine faible – il repose sur le sol, impuissant, sans force, sans joie. Mais fermement placé et se sentant en sécurité, il donne librement ses fleurs ; ou, année après année, comme un arbre, il nous montre sa merveilleuse masse de feuilles, tout cela signe que la terre et l'arbre sont véritablement unis.

On a dit, et c'est sans doute vrai, que celui qui prend soin des plantes et les aime devient patient. La plante ne se presse pas ; sa croissance est lente et souvent ne se manifeste pas ; et celui qui prend soin d'eux apprend leur manière d'être et de faire. Toute la leçon est de laisser du temps et de l'utiliser judicieusement pour le conserver. La véritable gloire d'un jour pour une plante, c'est l'air, le soleil et la terre qu'elle a puisés, et dont elle est devenue plus forte. Et chaque jour, un à un, comme il le prouve, contribue quelque chose à sa force.

Tous les hommes qui ont patiemment étudié les voies de la terre ont appris à être prudents, à aimer la nature et à prendre le temps. Et nous devons tous apprendre à prendre le temps. Ce n'est pas par une utilisation imprudente que nous gagnons quoi que ce soit, mais en mettant tout notre cœur et notre esprit dans ce qui doit être fait. Lorsque le cœur et l'esprit entrent dans notre travail , ils affectent curieusement le temps ; à cause du grand intérêt que nous portons à ce que nous faisons, on ne pense pas au temps ; et ce à quoi on ne pense pas, on ne le remarque pas.

La valeur du temps se résume donc à ceci : utiliser tout le temps dont nous disposons, peu ou pas, avec le cœur dans la tâche. Lorsque cela est fait, non seulement le travail est meilleur, mais il n'y a aucun regret qui puisse nous mettre mal à l'aise.

Une heure de pratique ne peut être qu'une heure de travail malvenu quand on y pense. Si nous allons au piano avec intérêt pour le jeu, nous perdrons la conscience du temps. De nombreux hommes qui aiment leur travail racontent être restés assis pendant des heures au travail sans savoir que les heures ont passé.

S'il y a un amour pour la musique chez l'un d'entre nous, il poussera comme une graine. Et comme la graine a besoin de la chère Terre-Mère, la musique a besoin du cœur. Lorsqu'il y aura pris racine et qu'il deviendra de plus en plus ferme, il commencera à se montrer extérieurement comme la lumière du visage. Une fois qu'il sera fort et qu'il pourra résister à ce qui l'assaille – non pas le vent, la pluie et les feuilles sèches, mais le découragement, les dures corrections et les larmes brûlantes et douloureuses – alors, avec cette force, il s'épanouira.

Maintenant, parfois, aux jours de sa force, la musique recherchera bien plus dans sa vie, tout comme la plante cherche davantage et s'épanouit. La fleur dans la musique est aussi grande pour tous que pour un. C'est la joie et la serviabilité. Quand par amour de la musique on cherche à faire le bien, alors la musique a fleuri.

Ainsi, en apprenant la vie d'une simple plante, nous apprenons la véritable mission du bel art du ton. Il doit enfoncer profondément ses racines dans le cœur pour pouvoir être nourri. Elle doit lutter pour se renforcer à mesure qu'elle grandit face à tout ce qui pourrait lui arriver. Il doit utiliser la nourriture de son cœur et sa force dans un but pur, et il n'y en a qu'un : donner de la joie.

Cela nous amène à penser à deux choses : premièrement, aux hommes et aux femmes qui, par leur utilité et leur travail, ont accru le sens de la musique. C'est la gloire de leurs jours. Deuxièmement, nous nous regardons avec des mains faibles et peut-être peu de talent, et la pensée nous vient qu'avec tout ce que nous avons, nous ne devons pas rechercher notre propre glorification mais la joie des autres.

CHAPITRE XIX.

L'IDÉAL.

"Le beau est aussi utile que l'utile , plus peutêtre . "- *Victor Hugo.*

Mozart avait autrefois un ami nommé Gottfried von Jacquin, qui était un homme réfléchi et évidemment un bon musicien, car on nous dit qu'une mélodie composée par lui est souvent considérée, même aujourd'hui, comme étant de Mozart. Ce Gottfried vivait à Vienne avec son père et Mozart se rendait souvent chez eux. A cette époque, Mozart possédait un album dans lequel ses amis étaient invités à écrire. Parmi les vers se trouve un sentiment écrit par Gottfried von Jacquin, disant :

"Le vrai génie est impossible sans cœur ; ni l'intellect seul, ni l'imagination, ni les deux ensemble, ne peuvent créer le génie. L'amour est l'âme du génie."

Nous avons ici la même vérité que nous avons déjà trouvée par nous-mêmes, à savoir que toute bonne musique vient du cœur. Nous l'avons trouvé en étudiant la musique et en nous efforçant fidèlement d'approfondir son véritable sens. Mais aujourd'hui, nous avons les paroles de celui qui a pu observer de près en tant qu'ami l'un des plus grands compositeurs de tous les temps. Et étant beaucoup avec lui, entendant la musique du maître jouée par le maître lui-même, lui fit penser qu'il est impossible d'être un vrai génie sans cœur et sans amour.

De là, nous aurons le courage de savoir que ce que nous poursuivons en musique est réel ; que les beautés de la grande musique, même si elles nous dépassent à l'heure actuelle, sont vraies et existent pour ceux qui y sont préparés. Lorsque, dans notre lutte pour être plus compétents en art qu'aujourd'hui, nous pensons à la beauté qui nous entoure et désirons en être dignes, nous formons alors un idéal, et les idéaux n'ont de valeur que lorsque nous nous efforçons de vivre. C'est à eux de voir.

Autrefois à Rome vivait un esclave grec – un jour vous lirez peut-être son nom. Il nous a dit que « si tu veux quelque chose de bien, prends-le de toi-même ». Bien entendu, nous voyons immédiatement là la vérité dont il a été question dans presque chacun de ces entretiens. La voici : nous devons, jour après jour, mieux nous connaître nous-mêmes, étudier nos pensées, avoir le cœur pur et travailler à quelque chose.

Désormais, travailler pour quelque chose peut être accompli de manière simple, sans y penser. Si chaque tâche est accomplie de notre mieux, cela nous apporte quelque chose. Il est vrai et beau aussi que la récompense d'un travail patient et fidèle nous parvient silencieusement, et souvent nous ignorons sa présence. Mais un jour, nous sentant plus forts, nous cherchons à en connaître la cause, et nous voyons que la fidélité des jours passés nous a aidés.

donc au début une leçon très pratique. Si nous voulons avoir ses faveurs, nous devons faire son travail. Si l'on dit à la musique : « J'aimerais te connaître » ; la musique nous dit : « Très bien, travaillez et votre souhait sera exaucé. » Mais sans ce travail, nous ne pouvons pas réaliser ce souhait. L'esclave grec le savait et dit :

"Tu es injuste si tu désires gagner ces choses pour rien."

Nous commençons maintenant à comprendre que l'art n'a aucun don à nous accorder gratuitement. Beaucoup pensent que c'est le cas et poursuivent cette démarche jusqu'à ce que la vérité leur apparaisse ; puis, à cause de leur erreur, ils ne l'aiment pas. Reconnaître la vérité sur l'art et poursuivre cette vérité, malgré le chemin difficile, c'est avoir du courage. Et l'Idéal n'est rien d'autre que la présence constante de cette vérité.

Et que gagnons-nous à poursuivre cette démarche ? Non pas le plaisir commun, mais le vrai bonheur ; non pas l'incertitude, mais la véritable compréhension ; pas une vie égoïste, mais une vie vraie et pleine. Et nous ne pouvons voir la beauté de l'art que dans le fait que toutes ces choses peuvent arriver à un enfant et qu'elles rendent possible une vie nouvelle et plus lumineuse.

Dès le premier jour de notre rencontre, le petit enfant dit au maître :

"Maître, je ne comprends pas ce que tu as dit, pourtant je te crois ."

Il est parfois difficile de ressentir la vérité et de la garder avec nous ; difficile, non seulement pour un enfant, mais pour n'importe qui ; et pourtant, si avec foi nous y travaillons *jusqu'à ce que la lumière vienne* , alors nous sommes vraiment récompensés et enrichis selon notre foi.

Nous ne devons pas oublier dans les premiers jours, lorsque nous quittons notre musique, que le chemin que nous avons parcouru depuis notre rencontre est le plus difficile ; pas pour toujours, mais pour l'instant. Le bon chemin est difficile au début, le mauvais est toujours difficile.

Nous comprendrons mieux tout cela dans d'autres jours si nous restons fidèles maintenant. Mais si nous oublions un instant que l'art exige notre loyauté, il n'y aura ni joie ni paix pour nous. Pire peut-être que de s'engager sur le mauvais chemin, c'est d'abandonner le bon. Parfois, par impatience, nous faisons cela ; par impatience et par amour-propre, ce qui est le pire de tous. "La vérité est le commencement de tout bien, et le plus grand de tous les maux est l'amour-propre."[62]

Avec les épreuves que nous coûte la musique, avec ses douleurs et ses découragements, nous pourrions facilement douter de toutes ces promesses contenues dans nos idéaux, mais nous serons à jamais sauvés de les abandonner si nous nous souvenons que ces idéaux ont été tenus avec persistance par de grands hommes. . Ils ne les ont jamais abandonnés. L'une des caractéristiques les plus fortes de Bach et de Beethoven était leur détermination à honorer leurs pensées. Parfois, nous trouvons la même persévérance et la même fidélité chez les hommes inférieurs.

Je suis sûr que vous verrez cette foi magnifiquement vécue dans les quelques faits que nous possédons sur la vie de Johann Christian Kittel, un élève de Bach, et elle est fortement mise en évidence par la jolie histoire racontée à son sujet, selon laquelle, satisfait du travail d'un élève il écartait un rideau qui recouvrait un portrait de Bach et laissait les fidèles le contempler un instant. C'était pour lui la plus grande récompense qu'il pouvait donner pour sa fidélité dans la tâche musicale.

Et cela nous rappelle comment le professeur Pistocchi , qui, en enseignant la voix, gardait à l'esprit un ton pur, une manière de chanter tranquille et la véritable manière de faire artistique. Parmi ses élèves se trouvait un certain Antonio Bernacchi qui, après avoir quitté son maître, commença à manifester sa voix par des traits, des trilles et des tons insignifiants. Et il l'a fait, non pas à cause du véritable art, car ce n'était pas ça, mais parce que cela lui a valu les applaudissements de gens irréfléchis.

Un jour, lorsque le maître Pistocchi l'entendit faire cela, il se dit, dit-on, : « Ah, je t'ai appris à *chanter*, et maintenant tu vas *jouer* ; » ce qui signifiait que le vrai chant avait disparu et que l'élève ne chantait plus avec le cœur, mais simplement avec la gorge. Pistocchi a gardé son idéal pur.

Nous en avons donc parmi nos idéaux deux de première importance. La perception idéale de la musique, comme étant la véritable expression du cœur des grands hommes ; et l'idéal de nos actions, qui est la véritable expression de notre cœur. Et garder ces idéaux est difficile de deux manières : la difficulté de garder devant nous la pure intention des grands hommes, et la difficulté de rester proches et fidèles aux tâches qui nous sont assignées. Alors on peut dire avec le petit enfant :

"Maître, je ne comprends pas ce que tu as dit, pourtant je te crois ."

CHAPITRE XX.

LE SEUL TALENT.

« Alors celui qui avait reçu le seul talent vint. » — *Matthieu, XXV : 24.*

Un jour , lorsque vous lirez des articles sur les grands compositeurs, vous serez ravi des images de leur vie familiale. Vous verrez comment ils utilisaient la musique au quotidien. Dans tous les cas, en les étudiant, nous apprenons combien ils ont sacrifié pour la musique qu'ils aiment, en l'étudiant quotidiennement pour la joie qu'elle leur procure. Nous les voyons comme de petits enfants, avides d'apprendre, désireux d'écouter de la musique et d'en entendre parler. Beaucoup de compositeurs dont la vie d'enfant est si intéressante étaient des enfants de familles très pauvres, où les choses n'étaient ni belles ni belles, où les choses nécessaires à la vie n'étaient pas abondantes, et où chacun devait faire attention et économiser pour que chaque morceau soit bon. être amené à aller le plus loin possible. L'enthousiasme et la détermination de certains enfants dans l'histoire de la musique sont vraiment merveilleux. C'est la vraie détermination. Et on ne s'étonne pas, en le suivant, de constater qu'il conduit les enfants qui en sont porteurs vers des vies d'une grande utilité.

Tout au long de la vie de Haendel, nous trouvons la détermination qui court comme un fil d'or. Il était tout aussi déterminé à devenir musicien que Lincoln à faire des études lorsqu'il lisait des livres à la lueur du feu. Le père de Haendel était chirurgien et connaissait si peu la musique qu'il ne parvenait pas du tout à comprendre l'enfant. Non seulement il interdisait au garçon d'étudier la musique, mais il l'éloignait même de l'école afin qu'il n'apprenne pas par hasard à lire les notes. Mais celui qui devait dans les années à venir se lier d'amitié avec des enfants sans abri et écrire de la musique merveilleuse pour le monde entier ne pouvait pas être retenu par de tels appareils. Par quelque moyen, et avec l'aide amicale (peut-être celle de sa mère), il réussit à introduire clandestinement dans le grenier une épinette, qui est une sorte de piano. En plaçant du tissu sur les cordes , il a tellement amorti les fils que personne en bas ne pouvait entendre les sons lorsque l'épinette était jouée. Et jour après jour, ce petit garçon restait assis seul dans sa mansarde, apprenant de plus en plus sur les merveilles que son cœur et sa tête lui disaient être dans la petite épinette à moitié muette devant lui. Ni les pièces plus gaies du rez-de-chaussée, ni les jeux de ses camarades de jeu ne l'éloignaient de la musique qu'il aimait, de la musique qu'il ressentait dans son cœur, se souvient-il.

On pourrait s'attendre à ce qu'une telle détermination se manifeste de plusieurs manières. Ça faisait. Haendel ne nous déçoit pas en cela. Tout au long de sa vie, il a eu des objectifs forts et une forte volonté – concentration

– qui l'ont fait avancer. Vous savez qu'il a suivi autrefois l'entraîneur de son père. Peut-être était-ce une désobéissance, mais quelle belle chose se passa lorsqu'il arriva au palais du duc et joua de l'orgue. Dès ce jour, chacun savait que sa vie serait consacrée à la musique. Parfois chez lui, parfois à l'étranger, il travaillait, réfléchissait et apprenait toujours. On dit que, dans son enfance, il copiait de grandes quantités de musique et qu'il composait quelque chose chaque semaine. Cette copie lui a permis de mieux se familiariser avec d'autres musiques, et sa première habitude de composition lui a permis d'écrire facilement ses pensées au fil des années. En effet, il est devenu si habile qu'il a écrit un opéra – « Rinaldo » – en quatorze jours, et le « Messie » a été écrit en vingt-quatre jours.[63]

Pourtant, il a écrit et réécrit certaines parties de ses grandes œuvres jusqu'à ce qu'elles soient exactement telles qu'elles devraient être. *Cela fera l'affaire*, c'est une pensée qui ne vient jamais à l'esprit d'un grand artiste. Comment imaginez-vous qu'un tel homme était envers ses amis ? On nous dit qu'« il avait un caractère à la fois grand et simple ». Et encore une fois , on a dit que « son sourire était comme le paradis ».

Nous avons vu Haendel comme un grand compositeur, mais il n'était pas si occupé dans ce domaine que ses pensées ne s'étendaient pas également sur d'autres choses. Si jamais vous allez à Londres, vous devriez entendre le dimanche matin le service au Foundling Hospital. Vous y verrez plusieurs centaines de garçons et de filles groupés autour de l'orgue. Leur chant vous paraîtra beau, par sa douceur et par la foi simple dans laquelle il est fait. Après le service, vous pourrez vous rendre dans les nombreuses pièces de cette maison pour tant de personnes sans abri.

S'y trouvent à visiter : la salle de jeux, la salle de classe, les longs couloirs avec les jolis lits blancs et l'agréable salle à manger. Ici, cela vous fera plaisir de voir les petits entrer dans le dîner, avec leurs robes similaires et tous aussi heureux que possible. Mais l'image que vous garderez sans doute le plus longtemps est celle des enfants autour de l'orgue.

On vous y dira que c'est Haendel qui donna cet orgue à la chapelle, et qui, pour le bénéfice des enfants qui pourraient venir ici, donna des concerts, jouant et dirigeant, qui eurent un tel succès qu'il fallut les répéter. Une « copie conforme » du « Messie » vous sera présentée comme l'un des biens précieux.

Vous remarquerez très clairement que le petit garçon était assis seul, jouant jour après jour dans le grenier, ne souhaitant pas de meilleur passe-temps que d'exprimer par des tons les sentiments de son cœur. Peut-être penserez-vous à ses paroles : « Apprenez tout ce qu'il y a à apprendre, puis choisissez votre propre voie. » Il vous séduira comme ayant possédé un « caractère complet et précoce », qui a toujours été en lui. Il est évident, en suivant la vie de Haendel, et cela serait également évident pour tout autre compositeur, qu'un grand talent se développe à partir d'un petit début, et s'il est petit, il est néanmoins sérieux et déterminé. Depuis les premiers jours de la vie d'un grand homme jusqu'aux derniers, nous constatons un effort constant. « Je considère que ceux qui vivent le mieux et qui étudient le mieux deviennent aussi bons que possible. »[64] La musique nous aide à garder les fenêtres supérieures ouvertes ; c'est pourquoi cela nous apporte tant, même si nous n'avons qu'un seul talent.

Développer notre seul talent est un devoir, tout comme c'est un devoir de développer deux ou cinq talents. Il nous est donné d'augmenter. Et personne ne sait quelle joie peut nous procurer, ainsi qu'aux autres, le fait de développer ce talent. Nous gagnons beaucoup en puissance pour faire plaisir aux autres, si le talent que nous avons est renforcé par un effort fidèle. Comme nous avons vu le bien ressortir de l'histoire de l'homme aux nombreux talents, nous pouvons voir comment, de la même manière, celui qui n'a qu'un seul talent possède également un grand pouvoir avec lequel il peut s'ajouter à lui-même et aux autres.

Dans tous nos entretiens, il est évident, d'après ce que nous avons dit, que la musique est pour nous un art magnifique, même si nous n'en possédons que peu. Mais nous avons également appris que, pour si peu, nous devons nous montrer dignes. Nous devons honnêtement donner quelque chose pour tout ce que nous obtenons. C'est la loi, et le but de tous nos entretiens est de l'apprendre.

Nous avons également appris que la vraie musique, *venant du cœur*, peut ne pas nous plaire au début, mais qu'elle contient beaucoup de choses et que nous devons les rechercher. L'histoire de tous ceux qui ont étudié fidèlement les œuvres des grands maîtres est que, malgré toute la réflexion et le temps que l'on consacre à l'étude des œuvres de maître, on obtient un grand gain. D'un autre côté, l'expérience de chacun avec la musique commune est que, même si elle peut nous plaire beaucoup au début et même nous captiver, elle nous fatigue rapidement au point que nous pouvons à peine l'écouter patiemment.

Une autre leçon encore est que travailler avec plusieurs talents ou avec un seul est la même chose. Les talents, un ou plusieurs, sont destinés à l'augmentation et au développement fidèle. La vie de Haendel a été une lutte déterminée pour tirer le meilleur parti de son pouvoir. Cela devrait être le nôtre.

CHAPITRE XXI.

L'AMOUR DU BEAU.

"Chaque couleur, chaque variété de forme a un but et une explication." - *Sir John Lubbock* .[65]

Maintenant que nous serons presque au bout du chemin que nous avons parcouru ensemble, il sera naturel de revenir sur le chemin parcouru. Tout cela ne sera certainement pas visible. Nous avons oublié cette scène agréable et celle-là ; d'autres, cependant, restent frais dans nos esprits. Et au fur et à mesure que les jours passent et que nous réfléchissons à notre chemin, une scène, un souvenir nous revient de temps en temps, si plein de beauté et de plaisir que nous nous sentirons riches en la possédant.

Pour moi, il n'y a rien que nous ayons appris ensemble de plus grande valeur, de plus riche en vérité et en réconfort que la pensée que le beau dans la musique et dans l'art est en même temps le bien. Même si une personne n'est pas toujours bonne, ce sentiment s'élève en elle chaque fois qu'elle regarde consciemment un bel objet. Nous voyons là combien il est sage de choisir d'avoir de belles choses, d'en entourer les autres, de les aimer et de poser sur elles des mains respectueuses.

Nous ne pouvons jamais nous tromper sur les mains douces. Un jour, une dame dit à un garçon :

"Vous devez toucher toutes choses avec la même délicatesse qu'on devrait accorder à une fleur tendre. Cela montre qu'au fond de vous-même vous êtes en repos, que vous faites avancer vos mains vers une tâche avec soin et beaucoup de réflexion. Dans les jeux les plus rudes vous jouez, ne l'oubliez pas ; alors vos mains seront remplies de toutes les pensées que vous avez en vous.

Parfois, quand je suis dans une grande galerie, la pensée est très forte en moi, que beaucoup (toujours, toujours autant) de personnes, dans tous les pays et à toutes les époques, ont tellement aimé le beau qu'elles y ont consacré leur vie. . Les peintres, qui réalisent des tableaux pour ravir les hommes depuis des générations, ont regardé, regardé et *prié* pour trouver le beau. Et il faut croire qu'on cherche avec le cœur le beau ou qu'on ne trouve que le commun. Et les sculpteurs qui ont aimé le marbre pour le plaisir qu'ils ont des belles formes, eux aussi, avec des yeux cherchant la beauté et des mains si douces sur le marbre qu'il respire presque pour eux, eux aussi ont aimé le beau.

Mais les gens du peuple ont le plus tendre amour pour ce qu'il y a de doux et de juste dans la vie, c'est-à-dire des gens qui ne sont ni peintres ni sculpteurs. À leur petite manière – mais c'est une *vraie* manière – ils ont la lumière du soleil dans leur cœur, et avec elle l'amour pour quelque chose.

C'est peut-être une fleur. On m'a parlé d'un homme — en fait, je l'ai vu — qui pouvait faire les choses les plus cruelles ; qui était si mauvais qu'il ne pouvait pas être autorisé à aller librement parmi les autres, et pourtant il aimait tellement les plantes que si on les plaçait près de lui, il se déplaçait tranquillement parmi elles, touchant celle-ci et celle-là ; les regardant et agissant comme s'il était dans un autre monde. Comme nous l'avons déjà dit du printemps, nous pouvons dire ici de l'amour du beau : il peut être recouvert de tout ce qui peut le retenir, mais *il est toujours là* .

Il est toujours plus agréable d'entendre parler des gens et de leurs comportements que d'écouter des conseils. Mais les gens et leurs manières de faire nous donnent souvent de bons exemples ; et nous serions curieux, en effet, si nous ne nous regardions pas attentivement pour voir exactement ce que nous sommes. De tout ce qu'on nous a dit sur le beau, nous pouvons au moins apprendre ceci : qu'il adoucit la vie ; qu'il illumine même la vie commune ; que si nous l'avons en nous , cela peut être comme un soleil doré pour un pauvre qui est dans les ténèbres de l'ignorance, c'est l'avantage et la beauté de toutes les bonnes choses dans nos vies, à savoir le bien qu'elles peuvent être pour les autres. Et la belle musique que nous pouvons chanter ou jouer n'a pas pour but de montrer ce que nous sommes ou ce que nous pouvons faire – elle fera bien sûr ces choses – mais elle doit être une bénédiction pour ceux qui l'écoutent. Et comment les bénédictions sont-elles accordées ? *Hors du cœur.*

Il était une fois un noble[66] doté de pouvoir et de richesses. Il aimait tout. Il avait participé à l'apprentissage, à l'art et à tout cela. Mais les temps étaient troublés dans son pays et, pour une raison quelconque, il perdit tout ce qu'il possédait et fut emprisonné. Ensuite, il n'y avait presque rien dans sa vie. Tout ce qu'il avait, c'était la cellule, la cour de la prison et, de temps en temps, quelques mots avec son gardien. La cellule était petite et sombre, le gardien silencieux, la cour étroite et si pavée de pavés qu'on pouvait à peine voir la terre entre eux.

Oui, en effet, c'était un monde petit et stérile dans lequel ils l'avaient forcé. Mais il avait ses pensées, et chaque jour, alors qu'il marchait dans sa cour confinée, elles étaient occupées avec le passé, tissant, tissant. Quels modèles ils faisaient, et lui, le pauvre, en avait parfois peur ! Et pourtant, ils continuaient à tisser, à tisser.

Un jour, alors qu'il se promenait dans son jardin, il remarqua qu'entre deux pierres il semblait y avoir quelque chose et il le regarda. Il l'étudia avec la plus grande attention, puis il s'agenouilla sur les pierres grossières et regarda encore et encore. Son cœur battait et ses mains tremblaient, mais pourtant avec un toucher aussi doux que n'importe qui pouvait le donner, il déplaçait un grain ou deux de terre et là, en dessous, il y avait quelque chose que le pauvre captif criait de joie de voir : une petite plante. . Comme dans un monde nouveau, et certainement comme s'il s'agissait d'un autre homme, il prenait soin quotidiennement du tendre petit compagnon venu partager sa solitude ; il y pensait le premier le matin et le dernier le soir. Il lui donnait de sa réserve d'eau et, en tant que père, il y veillait.

Et elle a grandi à tel point qu'un jour il a compris que sa plante devait soit mourir, soit avoir plus de place. Et il ne pourrait pas y avoir plus de place à moins qu'un pavé ne soit enlevé. Or, cela ne pouvait se faire qu'avec le consentement de l' Empereur . Eh bien, ne nous arrêtons pas pour entendre parler de la façon dont il a trouvé, mais il a fait parvenir sa demande à l' Empereur et, après un certain temps, que s'est-il passé, à votre avis ? Que l'usine a eu plus d'espace ? Oui, c'est en partie cela, et le reste est ceci : le prisonnier lui-même a eu plus de place, il a été libéré.

Juste parce que la graine d'une belle chose a pris vie dans son petit monde, il a trouvé l'amour pour elle et une nouvelle vie, un souci, *quelque chose en dehors de lui-même* . Et cela lui a tout apporté.

Cet amour qui n'est pas donné à soi révèle la beauté du monde.

CHAPITRE XXII.

À L'ÉCOLE.

"Chaque génération successive devient un mémorial vivant de nos écoles publiques et un exemple vivant de leur excellence." - *Joseph Story.*

De nos jours, nous apprenons beaucoup de choses dans nos écoles, même la musique. Ils doivent sûrement avoir un but, toutes les études et la musique aussi. Voyons dans cet exposé si nous pouvons trouver quel est le but.

Il en coûte très cher à notre gouvernement pour éduquer les enfants du pays. Il y a aujourd'hui près de vingt millions d'enfants dans notre pays. C'est un nombre que vous ne pouvez pas concevoir. Mais chaque matin de l'année, quand ce n'est pas un jour de vacances, vous pouvez penser à ce grand nombre de personnes quittant la maison et allant à l'école pour apprendre. Je suis sûr que cette image nous fera tous réfléchir à la sagesse d'un gouvernement qui consacre autant à nous faire connaître davantage, car en apprenant davantage, nous pouvons profiter davantage, faire plus, être plus. Et cela fait de nous de meilleurs citoyens.

Année après année, à mesure que les hommes étudient et apprennent ce qu'il est préférable de faire instruire leurs enfants à l'école, il devient de plus en plus clair que ce qui est donné est dicté en raison de son utilité. L'arithmétique nous apprend à calculer nos affaires quotidiennes. La grammaire nous apprend à écouter et à parler avec compréhension. La calligraphie et l'orthographe nous apprennent à faire correctement les signes qui représentent la parole. La géographie nous apprend la terre sur laquelle nous vivons et comment nous pouvons nous y déplacer. L'histoire nous apprend à comprendre les événements de notre époque et nous fait connaître les grands hommes d'autrefois qui, grâce à leurs efforts, ont gagné une place dans notre mémoire.

A mesure que nous poursuivons notre éducation scolaire, en entreprenant de nouvelles études, nous constatons dans une mesure encore plus grande que ce que nous apprenons est utile. L'arithmétique devient les mathématiques en général. La grammaire nous est présentée dans d'autres langues et se ramifie dans l'étude de la rhétorique et de la littérature. L'histoire nous est enseignée sur de nombreux pays, en particulier sur la Grèce, Rome et l'Angleterre. Et, petit à petit, ces différentes histoires se fondent en une seule, jusqu'à ce que, peut-être pas avant des années d'université ou plus tard, les événements des pays au cours de tous les siècles que nous connaissons ne forment pour nous qu'une seule histoire ininterrompue. Nous connaissons les noms des terres et des personnes. Pourquoi la Grèce pouvait aimer l'art, pourquoi Rome pouvait conquérir ; pourquoi ces pays et toutes leurs gloires ont disparu pour laisser la place à d'autres ; toutes ces choses nous deviennent claires. Nous entendons parler de généraux, d'hommes d'État, de poètes, de musiciens, de dirigeants. Leurs caractères sont clairs ; leurs vies nous sont racontées dans des biographies, et année après année l'histoire de la terre et de l'homme nous est plus complète, plus fascinante, plus utile pour apprendre notre propre époque.

Puis, en plus de toutes ces études, on nous apprend à faire les choses avec les mains. Après les discussions que nous avons déjà eues sur ce sujet, nous savons ce que signifie avoir une formation manuelle. Cela signifie en réalité l'entraînement des pensées. Nous entraînons l'esprit pour que les mains accomplissent correctement leurs tâches. Il en est de même dans la leçon de science qui nous apprend à voir ; en fait, utiliser nos yeux jusqu'à ce que nous voyions des choses. Cela ne semble peut-être pas être une tâche difficile, mais très peu de personnes sont capables d'utiliser leurs yeux avec précision et correctement. S'il y en avait plus, moins d'erreurs seraient commises.

On voit ainsi que le travail scolaire divise ses tâches en deux classes générales :

Premièrement, l'apprentissage des faits.

Deuxièmement, la manière de faire les choses.

Vous constaterez facilement que faire les choses correctement n'est possible que lorsque nous connaissons les faits qui nous indiquent comment les faire. Cela vous montre tout de suite la sagesse de l'éducation que vous recevez.

Imaginons maintenant que la vie scolaire soit terminée. Pendant de nombreuses années, vous êtes allé fidèlement chaque jour à votre domicile, vous avez accompli vos tâches aussi honnêtement que possible et dit vos leçons, blessé sans doute par les échecs, mais réjoui à nouveau par les succès. Maintenant, quand tout est fini, qu'est-ce qu'il y a ?

Eh bien, par-dessus tout, il y a une vérité à laquelle il est merveilleux que les gens ne pensent pas plus souvent. Et cette vérité est la suivante : la seule éducation que nous pouvons utiliser dans notre propre vie est celle que nous avons nous-mêmes. Nous n'avons plus l'aide de compagnons ou de professeurs. Nous dépendons entièrement de nos propres connaissances personnelles. Si nous parlons, c'est notre propre connaissance de la grammaire qui est utilisée. Nous ne pouvons pas avoir un livre sous la main pour en savoir les mots que nous devons utiliser. Si nous faisons un calcul sur l'argent, ou faisons quoi que ce soit avec des nombres, cela doit être fait à partir de notre connaissance de l'arithmétique, et cela doit être juste, sinon les gens cesseront très vite de traiter avec nous. Alors, si nous avons une lettre d'un ami, il faut que nous sachions la lire par nous-mêmes, et si nous avons quelque chose à dire à un autre à distance, nous devons pouvoir nous exprimer clairement par écrit, afin de pouvoir faire entendre notre voix. aucune erreur dans notre sens.

Et cela aussi doit être dit de tout le reste. Notre connaissance de l'Histoire, de la Géographie, des hommes du passé, des frontières des pays, des villes, des gens, de tout, doit venir de nous-mêmes. Et de plus, de même que nous avons pris soin de voir de la bonne manière et de faire de la bonne manière pendant que nous étions instruits à l'école, de même nous serons susceptibles de voir et de faire quand nous ne sommes pas à l'école, et nous n'avons plus quelqu'un au-dessus de nous qui corrigera gentiment et patiemment nos erreurs, nous apprendra de nouvelles voies et nous donnera de plus grands pouvoirs. Nous pouvons, bien sûr, continuer à apprendre après la fin de nos jours d'école ; et c'est alors que nous obtiendrons la meilleure éducation, si nous nous efforçons immédiatement de corriger les défauts que nous trouvons en nous-mêmes.

En effet, de nombreux hommes ont acquis la meilleure partie de leur éducation après avoir quitté l'école, où, peut-être, ils ont eu la chance de ne rester que peu de temps.[67] Mais nous devons nous rappeler que les habitudes d'apprendre, de faire, de chercher s'acquièrent dès les premières années et que si elles ne sont pas acquises, elles se manifestent rarement.

Maintenant, qu'avons-nous appris sur les écoles et les tâches scolaires ? Nous avons un peu appris le but de l'éducation que nous recevons ; que de là doit découler le pouvoir de faire et de connaître ; c'est notre propre pouvoir ; pas celui de quelqu'un d'autre. Nous avons vu l'utilité des études scolaires et combien elles sont pratiques dans notre vie quotidienne.

Dans tout ce discours, nous n'avons rien dit de la musique. Toutefois, si nous comprenons ce que signifient les autres études et quel est leur but, nous apprendrons quelque chose qui nous sera précieux lorsque nous étudierons le sens et le but de la musique à l'école. Ce sera notre prochain entretien.

CHAPITRE XXIII.

LA MUSIQUE À L'ÉCOLE.

"Devenez dès les premières années bien informé sur l'étendue des quatre voix.

"Essayez, même avec une mauvaise voix, de chanter à vue sans l'aide d'un instrument ; de là votre oreille s'améliorera constamment. Dans le cas cependant que vous ayez une bonne voix, n'hésitez pas un instant à la cultiver ; et croyez en même temps que le ciel vous a fait un don précieux. » – *Robert Schumann.* [68]

Dans l'exposé précédent, nous avons appris deux faits très importants sur les études scolaires. Il s'agissait de ceux-ci :

I. Ils sont utiles.

II. Ils sont utiles proportionnellement à notre propre connaissance réelle (et non à celle de quelqu'un d'autre) d'eux.

Nous n'étudions pas de sujets inutiles, et ce n'est pas à partir de nos livres, ni de notre professeur, que nous traversons la vie en traçant notre chemin. En d'autres termes, plus nous travaillons dur, plus nous devenons indépendants ; et plus nous devenons indépendants, plus nous avons le pouvoir d'aider les autres.

Or, ce qui est vrai pour les autres études scolaires l'est également pour la musique. Il est donné aux enfants à l'école parce qu'il est utile et parce qu'un enfant peut acquérir du pouvoir en l'apprenant. Voyons cela.

Pour celui qui ne réfléchit pas profondément, il pourrait sembler que si une étude à l'école est purement ornementale, cette étude est de la musique. Il pourrait dire que toutes les autres études tendent à une fin pratique dans la vie et dans les affaires : qu'on ne peut plus ajouter, ni lire, ni traiter des affaires, ni écrire une lettre plus correctement en connaissant la musique. Ce n'est qu'une personne irréfléchie – *aucune autre* – qui dirait cela.

De l'utilité de toutes les études scolaires dont nous avons parlé. Il suffit de faire quelques pas sur cette agréable route dont nous avons tant parlé, et nous verrons combien la musique compte dans la vie. Pour nous, c'est déjà clair. La musique est un monde nouveau, dans lequel entrer, cultive de nouveaux sens, nous apprend à aimer le beau et nous rend attentifs à deux des choses les plus importantes de la vie : les pensées et le cœur. Nous devons avoir des pensées exactes, sinon la musique n'est pas bien faite , et le cœur peut être ce qu'il veut, la musique raconte tout. Par conséquent, que ce soit bon.

Mais la musique à l'école nous amène aux tâches quotidiennes avec le ton. Qu'apprend-on ? Une fois que les difficultés liées à la lecture des notes et à la réactivité de la voix sont quelque peu surmontées, nous étudions pour obtenir une plus grande puissance dans les exercices et les chants à une, deux ou trois parties ; les exercices d'habileté et les chants pour appliquer l'habileté et nous faire connaître la musique des grands maîtres.

Dans un exposé, l'un des premiers, nous avons parlé de l'échelle majeure. Il n'a que huit tons, et bien qu'il existe depuis plusieurs centaines d'années, personne n'a encore rêvé de toutes les merveilleuses images sonores qu'il contient. C'est à partir de lui que tous les grands compositeurs ont écrit leurs œuvres, et pendant des siècles les hommes y trouveront des beautés grandes, pures et durables.

En chantant à l'école, nous apprenons à utiliser la gamme majeure. Il nous demande, dans les mélodies qu'il exprime, de veiller à ce que chaque ton soit juste en longueur, en hauteur, en volume, en place. Nous devons chanter exactement avec les autres, ni d'une voix offensante, ni si doucement que cela ne soit d'aucune utilité. Et cela exige de notre part de la précision ; et la précision exige de la réflexion. Et si nous chantons pour mieux utiliser la voix, nous devons, dans chaque son que nous produisons, penser exactement à ce que nous faisons. C'est la concentration. Si, au contraire, nous nous efforçons sur une chanson, nous devrons, en outre, veiller à donner la bonne expression, à chanter clairement non seulement les tons, mais les paroles, à ressentir le vrai sentiment à la fois du poème et de la musique, et d'exprimer avec notre cœur autant de signification que nous comprenons du poète et du compositeur. Toutes ces choses nous sont plus particulièrement demandées si nous chantons à plusieurs voix. La mélodie doit être correctement soutenue et ne doit pas recouvrir les parties inférieures ; tandis que les parties inférieures elles-mêmes ne doivent jamais empiéter sur la mélodie, ni manquer de constituer un bon arrière-plan pour celle-ci. Le chant d'une partie de la musique est l'un des meilleurs moyens d'entraîner l'attention, c'est-à-dire d'acquérir la concentration. Lorsque nous chantons notre partie, nous devons garder à l'esprit ces choses :

I. S'y tenir et ne pas se laisser entraîner par une autre partie.

II. Pour donner à la partie que nous chantons toute l'importance qu'elle mérite.

III. Ne jamais détruire la parfaite égalité des parties en se hâtant ou en se retenant indûment.

IV. Se rappeler que chaque partie est importante. Les autres chanteurs ont autant de choses à penser et à faire que nous, et ils ont droit à autant d'éloges.

V. Être vigilant pour prendre notre part exactement au bon endroit.

> VI. Mettre dans chaque mot et chaque ton tout le sens du poète
> et du compositeur.

Après tout, ce ne sont là que quelques-unes des choses ; mais d'eux nous pouvons apprendre ceci, que chanter (et jouer, c'est tout à fait la même chose) est l'une des tâches les plus délicates que nous puissions apprendre à accomplir, exigeant de notre part une attention de plusieurs manières à la fois. Même aujourd'hui, l'utilité de la musique est évidente, car les facultés que nous apprenons à employer en musique forment un pouvoir qui peut être appliqué à tout.

Mais la musique a pour nous une récompense encore plus grande que celle-là. Il nous présente de nombreuses sortes de pensées et d'images, de courage, de prévenance, de gaieté et d'autres sans nombre, et il exige ensuite que nous les étudiions afin de les chanter sincèrement de notre cœur. Et quand nous pouvons faire cette musique, c'est alors une joie pour nous et pour les autres.

Nous voyons maintenant que la musique, tout comme les autres études, est utile et nous donne le pouvoir de faire quelque chose. Et outre son utilisation et son pouvoir, c'est, peut-être plus que toute autre étude, le plus grand moyen de donner du bonheur aux autres. Mais il reste encore un mot à dire à ce sujet. Ce sera notre prochain entretien.

CHAPITRE XXIV.

COMMENT UNE CHOSE EN AIDE UNE AUTRE.

« La musique lave l'âme de la poussière du quotidien. » — *Berthold Auerbach.*

Juste à la fin de notre discussion sur la musique à l'école, j'ai dit que la musique était la plus puissante de toutes les études pour donner de la joie aux autres. Dans cet exposé, nous essaierons de découvrir ce que les études font les unes pour les autres.

Encore une fois – et il ne faut jamais se lasser si la même pensée revient sans cesse – rappelons-nous que la musique est une pensée exprimée par un ton. La musique classique est une pensée formidable et forte ; une musique pauvre et indigne est une pensée faible, peut-être fausse ou mesquine.

De plus, nous avons appris que la pensée peut être bonne et pure, mais que cela ne suffit pas en soi. Il faut que cela soit bien exprimé. En bref, à une pensée juste, il faut ajouter la connaissance, afin qu'elle puisse être présentée aux autres de la bonne manière.

Or, il est vrai que plus nous avons de connaissances, plus nous pouvons faire de la musique. Nous pouvons y donner plus de sens ; nous pouvons mieux accomplir toutes les tâches exigeantes qu'elle exige ; nous pouvons tirer plus de sens de son art, et nous pouvons voir plus clairement à quel point le compositeur est un grand génie. En plus de ces choses, un esprit bien entraîné reçoit plus de pensées d'un sujet qu'un esprit non entraîné. Un jour, vous verrez cela plus clairement en observant à quel point vous pourrez mieux comprendre votre propre langue en possédant une connaissance du grec et du latin.

Toutes les études scolaires ont certes une utilité — une utilité directe — en nous donnant quelque chose qui nous aide dans la vie d'une manière ou d'une autre. Mais en plus de cela, l'étude nous apporte une autre aide ; à savoir, l'emploi de l'esprit de la bonne manière. Car la bonne façon de faire les choses qui sont dignes du cœur donne de la puissance et du bien. C'est la mauvaise façon de faire les choses qui nous cause des problèmes. Certaines études exigent avant tout de l'exactitude , — comme l'étude de l'arithmétique — d'autres une bonne mémoire, — comme l'Histoire — d'autres mettent à rude épreuve beaucoup de facultés, comme nous l'avons vu dans notre Entretien sur la musique scolaire.

Certaines études nous sont particulièrement précieuses parce qu'elles nous incitent à le *faire* . On peut les appeler *faisant* des études. En arithmétique, il y a un résultat, et un seul résultat, à rechercher. En grammaire, chaque règle que nous apprenons doit être appliquée dans notre discours. L'entraînement manuel exige du jugement et une utilisation prudente des mains. La calligraphie est une épreuve pour la main, mais l'histoire est une étude qui touche plus à la mémoire qu'à la faculté d'agir.

La musique scolaire, vous le voyez immédiatement, est une étude en cours. Non seulement cela, c'est plein de vie, attrayant, attirant les pensées de plusieurs manières, et pourtant c'est une étude chaleureuse – j'entends par là une étude pour le cœur.

Si vous avez remarqué dans votre musique pour piano les paroles italiennes qui sont données au début des compositions, vous avez peut-être pensé à quel point la plupart d'entre elles expriment le cœur et l'action. Ils *font* particulièrement des mots. *Allegro* est joyeux ; c'est son vrai sens. Il nous demande de rendre la musique joyeuse lorsque nous la chantons ou la jouons. Pourquoi? Pour que la gaieté du compositeur soit pour nous et pour les autres. Et *Vivace* n'est pas seulement rapide, mais vivace. Maintenant, que signifie vif ? Cela signifie ce que signifie sa racine *vivere* , vivre. C'est une direction selon laquelle la musique doit être pleine de vie ; et la vraie vie de bonheur et d'absence de soucis est signifiée. Ainsi de *Modcrato* , un mot faire qui nous dit très particulièrement comment faire ; à savoir, pas trop vite, en le gâtant à la hâte, ni trop lentement, pour qu'il semble traîner, mais d'une manière particulière, c'est-à-dire avec modération.

La musique prend sa place en tant qu'étude *pratique* ; et comme nous l'avons déjà découvert, son action est de plusieurs sortes, toutes exigeant des soins. Chanter ou jouer, c'est faire ; lire les notes, c'est faire ; étudier le sens du compositeur, c'est faire ; faire sentir aux autres que c'est le cas ; tout se passe; et *faire* est la vraie vie, *à condition que ce soit désintéressé* .

Voyons s'il n'y a pas une leçon simple dans tout cela. Pour le chercher, nous devrons répéter de vieilles pensées. La musique elle-même utilise les mêmes tons encore et encore ; c'est en faisant cela qu'on commence à comprendre un peu le ton.

Les études scolaires mettent l'esprit à l'épreuve ; avec les tâches augmentées petit à petit, l'esprit devient plus fort. Ainsi la Force est-elle acquise. Les tâches exigeant de l'exactitude, les pensées ne doivent pas être dispersées partout, mais centrées sur la chose à faire. Ainsi la Concentration est gagnée. En faisant travailler la main avec soin et dans un but précis, on acquiert la compétence. En exigeant des pensées qu'elles recherchent toutes les qualités d'un objet, l'attention est gagnée. En plaçant des choses et des signes devant nous, on nous apprend à voir. En nous éduquant aux sons, on nous apprend à écouter. Lorsque nous avons une tâche qui admet un seul résultat correct, on nous enseigne l'exactitude.

Maintenant, d'après tout ce que nous avons appris au cours de ces conférences sur la musique, il doit être clair que toutes ces qualités sont exactement ce qui est nécessaire en musique :

I. Force de pensée pour une action réelle.

II. Concentration pour faire le bien.

III. Compétence pour bien faire.

IV. Voir et écouter pour cultiver l'attention.

V. Exactitude de la manière de faire.

Nous cherchions une leçon simple. C'est ça:

Apprenons tout ce qui est juste et digne pour le renforcement de l'esprit, pour la culture du cœur, pour le bien et la joie des autres ; car ces choses sont l'esprit de la musique.

CHAPITRE XXV.

L'ENFANT AU JEU.

"Quand la longue journée est passée, les pas se tournent vers la maison."

Il était une fois un enfant qui jouait au bord de la mer. Les vagues chantaient et le sable brillait et les cailloux brillaient. Il y avait de la lumière partout ; la lumière du ciel bleu, de l'eau en mouvement et des cailloux brillants.

Le petit, dans son bonheur, chantait avec le murmure de la mer et jouait avec les pierres et les coquillages qui traînaient. La joie était partout et l'enfant en était rempli.

Mais la journée est passée. Et le petit pleurait dans son cœur de quitter ce bel endroit. Le plaisir était là et de nombreuses choses rares avec lesquelles on pouvait jouer et apprécier.

L'enfant ne pouvait pas tous les quitter. Son cœur lui faisait mal à l'idée de les imaginer seuls, allongés au bord de la mer. Et il pensa :

"J'emporterai les cailloux et les coquillages avec moi et j'essaierai de me souvenir de la lumière du soleil et du chant de la mer."

Alors il commença à remplir ses petites mains. Mais il s'aperçut qu'après avoir rassemblé le plus grand nombre possible, il en restait encore des myriades. Et il a fallu les quitter.

Fatigué et le cœur serré, il rentra chez lui d'un pas lourd, les mains remplies à craquer des cailloux qui brillaient au soleil sur le bord de la mer. Mais maintenant, ils semblaient ennuyeux. Et à cause de cela, l'enfant ne semblait pas tellement regretter si de temps en temps l'un d'eux tombait. "Il m'en reste encore entre les mains", pensa-t-il.

Enfin, il s'approcha de sa demeure ; tellement fatigué que les petits membres pouvaient à peine bouger. Et celui qui aimait l'enfant est sorti en souriant pour l'accueillir. Le petit s'approcha et reposa sa tête fatiguée ; et ouvrant sa petite main souillée de mer et de sable, il dit :

"Ecoute, maman, j'en ai encore un. Puis-je aller chercher les autres un jour ?"

Et la mère dit :

"Oui, tu y retourneras."

Et l'enfant s'endormit en rêvant de la mer chantante et du soleil, car ils étaient dans son cœur.

ANNEXE

Les travaux suivants sont mentionnés dans ces exposés :

Addison, Joseph, « Spectateur ».

Alexander, Francesca, « Les hommes du Christ dans les Apennins ».

Antonin, M. Aurèle, "Méditations".

Aristote, « L'éthique ».

Clavicord bien tempéré ."

Bach, JS, "Kleine Präludien ".

Baldwin, James, « Vieilles histoires grecques ».

Bacon, Francis, « Essais ».

Bridge, JF, « Contrepoint simple ».

Carlyle, Thomas, « Héros et culte des héros ».

Cellini, Benvenuto, "Autobiographie".

Epictète, « Mémoires ».

Grove, Sir George, "Dictionnaire de la musique et des musiciens".

Halleck, RP, "Psychologie et culture psychique".

Haendel, GF, « Le Messie ».

Haupt, août, « Choralbuch ».

Liszt, Franz, « La vie de Chopin ».

Lubbock, Sir John, « Plaisirs de la vie ».

Luther, Martin, « Discussion à table ».

Mendelssohn, Félix, "Lettres d'Italie et de Suisse".

Parker, JH, "ABC de l'architecture gothique".

Ruskin, John, "Reine de l'Air".

Ruskin, John, « Sésame et lys ».

Ruskin, John, "Val d'Arno ".

Saintine , XB, " Picciola ".

Schubert, Franz, "Chansons".

Schumann, Robert, "Album pour les Voung".

Schumann, Robert, "Lettres".

Schumann, Robert, « Règles pour les jeunes musiciens ».

Tapper, Thomas, « Discussions avec des étudiants en musique ».

Tyndall, John, "Glaciers des Alpes".

Tyndall, John, "Sur le son".

Auteurs divers, "Les Maîtres du Clavicin ".

Xénophon, "Souvenirs".

* * * * *

Discussions avec des étudiants en musique

OU

PARLE DE MUSIQUE ET DE VIE MUSICALE.

PAR

THOMAS TAPPER.

Prix, relié en tissu, 1,50 $.

Ce volume s'adresse à tous les étudiants en musique, qu'ils soient élémentaires ou avancés. Il est conçu pour attirer l'attention de ceux qui font de la musique une œuvre de vie, les très nombreux sujets contingents qui devraient être considérés en relation avec la musique. À cette fin, les sujets choisis pour les discussions ont une valeur pratique, couvrent un domaine considérable et sont traités du point de vue qui aide le mieux l'étudiant. Le lecteur est mis en confiance et trouve dans les chapitres de cet ouvrage de nombreux indices et bénéfices qui concernent sa propre vie quotidienne de musicien.

* * * * *

21 SÉLECTIONNÉ

ÉTUDES CRAMER.

De l'édition Von Bülow.

PRIX 1,50 $, FERMEMENT LIÉ.

La présente édition complète se vend 2,50 $ et 3,00 $ au détail. Une grande partie du matériel de l'édition complète peut être éliminée sans nuire à sa valeur technique. Nous avons donc fait une sélection des plus belles éditions de Von Bülow, que nous avons reliées en un seul volume dans un style très soigné. Seuls les plus difficiles et sans importance ont été éliminés.

* * * * *

Le cours normal de technique du piano.

CONÇU POUR

ÉCOLES, ENSEIGNANTS ET ÉTUDIANTS.

Par WM. B. ATTENDEZ.

Prix 1,50 $, relié.

Le COURS NORMAL est basé sur l'idée fondamentale selon laquelle, aux fins du développement, de la discipline et de la formation de l'esprit, et pour enseigner à l'apprenant comment penser et faire, les études techniques en musique sont aussi utiles que n'importe quelle autre branche.

CARACTÉRISTIQUES DU LIVRE :

Des déclarations claires et concises de faits et de principes.

Il ne traite que de l'essentiel.

Il organise le matériel en niveaux, par divisions, cours et étapes.

Il présente un mode et un ordre de développement distincts.

Le cours est aussi clairement présenté que dans n'importe quelle autre branche d'études.

Pratique basée sur la compréhension des moyens appliqués aux fins.

Il permet en pratique de porter l'attention sur les mains, et non sur les pages.

Dans les écoles, cela assurera l'uniformité de l'enseignement dispensé.

Il fournit les bases des récitations orales et des examens comme dans les autres matières.

C'est logique, systématique, minutieux.

C'est un livre destiné aux écoles, aux enseignants et aux étudiants.

REMARQUES:

1 : Tiré de « Table Talk ».

2 : Jouez aux enfants la chanson de Schubert intitulée « L'homme-orgue ».

3 : Phillips Brooks dit dans l'un de ses sermons (« Identité et variété ») : « Chaque acte a sa manière parfaite et entière d'être accompli. »

4 : édition Bohn, p. 35.

5 : Lisez aux enfants les passages du « Peuple du Christ dans les Apennins » de Francesca Alexander qui vous semblent pertinents.

6 : John Ruskin, de la neuvième conférence du "Val d'Arno ".

7 : John Ruskin. Troisième conférence du "Val d'Arno ".

8 : La "Vie de Chopin" de Franz Liszt, chapitre V.

9 : *Ibid* ., chapitre VI.

10 : « Sur le son ».

11 : "On Sound" est mentionné. Le dernier alinéa de l'article 10, chapitre II, peut intéresser les enfants. Les deux derniers paragraphes de la section 13 sont non seulement intéressants, mais ils montrent avec quelle simplicité un scientifique peut écrire.

12 : Si vous souhaitez l'original, voir « Glaciers des Alpes » de Tyndall.

13 : Schumann écrit dans une lettre à Ferdinand Hiller : « Nous devrions apprendre à affiner l'oreille interne. »

14 : Extrait du sermon intitulé « Le sérieux de la vie ».

15 : Remarquez parfois combien de nos mots anglais ont le latin *escroquerie* .

culture   psychique   »   de   Reuben   Post   Halleck   .

17 : Par exemple, le sujet de la Fugue en do mineur dans le premier livre du «
Clavicord bien tempéré ».

18 : Le sujet de la Fugue en do dièse mineur.

19 : Le prélude en mi bémol mineur et le sujet de la Fugue en sol dièse mineur.

20 : Robert Schumann.

21 : Cité par Xénophon dans les « Souvenirs », Livre II, Chapitre I, édition Bohn.

22 : « Héros et culte des héros », Conférence I.

23 : Extrait du sermon intitulé « Arrière-plans et avant-plans ».

24 : Je devrais encore une fois suggérer l'intérêt de laisser les enfants se familiariser avec des livres tels que « ABC of Gothic Architecture » de JH Parker ; et d'avoir toujours à portée de main des photographies de grands édifices, de grands hommes, de grandes œuvres d'art et de lieux célèbres à voir et à connaître (« les *laisser devenir* familiers », souvenez-vous).

25 : Voir « Psychologie et culture psychique » de RP Halleck.

Chalinitis   »   de   John   Ruskin   , la première conférence de « Queen of the Air ».

27 : John Ruskin, extrait de la conférence intitulée « Franchise », dans « Val d'Arno », par. 206.

28 : "Lettres de Felix Mendelssohn Bartholdy d'Italie et de Suisse." Lettre du 15 juillet 1831.

29 : « Lettre du 19 décembre 1831 ».

30 : Lire aussi ce qui est dit de Chopin à la p. 28.

31 : Lisez aux enfants « Le merveilleux tisserand » dans « Old Greek Stories », de James Baldwin. Il ne fait que quelques pages et est bien raconté.

32 : Robert Schumann.

33 : « Reine de l'air » de John Ruskin, par. 102. (« Athéna Ergane . ») Lisez tout cela aux enfants.

34 : *Idem* .

35 : Lord Bacon, extrait de l'essai « Of Great Places ».

36 : Robert Schumann.

37 : Lisez « Sésame et les lys » de John Ruskin, par. 19, et autant de ce qui suit que vous le jugez sage.

38 : « L'Éthique », Livre IX, Chapitre VII.

39 : J'ai toujours à l'esprit que l'enseignant lira ou fera référence à l'original lorsque la source est aussi évidente que dans ce cas. Il appartient cependant à l'enseignant, ou à la mère, de décider quoi et quelle quantité d'un tel original doit être lu, et ce qu'il est préférable d'en dire.

40 : Je n'ai pas tenté de citer les mots exacts habituellement donnés.

41 : Socrate. Cette citation est tirée des « Souvenirs de Xénophon », livre I, chapitre VI.

42 : Mary Russell Mitford.

43 : « Autobiographie de Benvenuto Cellini », édition Bohn, p. 23.

44 : « Le Miserere » de « Gregorio Allegri ». Il a été écrit pour neuf voix dans deux chœurs. "Il fut un temps où il était si précieux que le copier était un crime passible d'excommunication. Mozart prenait les notes pendant que le chœur le chantait." (Voir « Dictionnaire de la musique et des musiciens » de Grove, Vol. I, page 54.)

45 : Dr Bridge « Sur le contrepoint simple ». Préface.

46 : Prenez, en août Haupt, le " *Choralbuch zum hauslichen Gebrauch* ", n'importe quelle chorale simple. Celle intitulée " *Zion klagt mit Angst und Schmerzen* " est d'une beauté et d'une simplicité singulières.

47 : Édition Peters, n° 200, page 11.

48 : Je conseillerais au professeur d'avoir les deux volumes intitulés « *Les Maîtres du Clavicin* ». (On peut les trouver dans la collection Litolff .)

49 : Op. 106.

50 : " *L' Erster Verlust* " dans l'opus 68 de Schumann est bien conçu dans le sens où il est librement harmonique à certains endroits, imitatif à d'autres, tandis qu'au début la mélodie est accompagnée très simplement. Montrez aux enfants combien la partie de la main gauche est intéressante dans ce petite composition.

51 : Extrait d'une lettre du spectateur.

52 : Extrait du huitième paragraphe de la Conférence intitulée « Nicolas le Pisan », dans « Val D'Arno ».

53 : Un mendiant aveugle assis sur un pont dans une ville anglaise (c'était Chester) m'a souvent étonné par la rapidité de sa lecture manuscrite et par la merveilleuse lumière de son visage. C'était totalement libéré de la perplexité dont font preuve la plupart d'entre nous. Cela doit naître en nous parce que nous sommes attirés par tant de choses.

54 : Quatre-vingt-unième paragraphe du « Val d'Arno ».

55 : Marc Aurèle Antonin, « Les Méditations », Livre V, Par. 34.

56 : Voir note de bas de page, p. 119.

57 : Extrait du treizième paragraphe du quatrième livre. J'ai un peu modifié le libellé pour le rendre simple.

58 : Seizième paragraphe du cinquième livre.

59 : *Essi quam videri* .

60 : « Les souvenirs ».

61 : « Epictète », traduction de HW Rollison.

62 : Platon.

63 : Mozart a écrit trois symphonies entre le 26 juin et le 10 août 1778 ; et un Italien, Giovanni Animuccia , aurait écrit trois messes, quatre motettes et quatorze hymnes en cinq mois. À titre d'exemple de composition précoce, Johann Friedrich Bernold avait écrit une symphonie avant l'âge de dix ans et était célèbre dans toute l'Europe.

64 : Xénophon, « Les Souvenirs », Livre IV, Chapitre VIII.

65 : Des « Plaisirs de la vie ». Huitième chapitre de la deuxième série.

66 : La petite romance de NB Saintine est évoquée.

67 : Lisez aux enfants le chapitre XIV de mes « Discussions avec des étudiants en musique ».

68 : « Règles pour les jeunes musiciens ».